Konfliktherd Südkaukasus

Rüdiger Kipke

Konfliktherd Südkaukasus

Aserbaidschan im Fokus
(sowjet-)russischer und
armenischer Interessen

Rüdiger Kipke
Universität Siegen, Deutschland

ISBN 978-3-658-09879-7   ISBN 978-3-658-09880-3 (eBook)
DOI 10.1007/978-3-658-09880-3

Die Deutsche Nationalbibliothek verzeichnet diese Publikation in der Deutschen Nationalbibliografie; detaillierte bibliografische Daten sind im Internet über http://dnb.d-nb.de abrufbar.

Springer VS
© Springer Fachmedien Wiesbaden 2015
Das Werk einschließlich aller seiner Teile ist urheberrechtlich geschützt. Jede Verwertung, die nicht ausdrücklich vom Urheberrechtsgesetz zugelassen ist, bedarf der vorherigen Zustimmung des Verlags. Das gilt insbesondere für Vervielfältigungen, Bearbeitungen, Übersetzungen, Mikroverfilmungen und die Einspeicherung und Verarbeitung in elektronischen Systemen.
Die Wiedergabe von Gebrauchsnamen, Handelsnamen, Warenbezeichnungen usw. in diesem Werk berechtigt auch ohne besondere Kennzeichnung nicht zu der Annahme, dass solche Namen im Sinne der Warenzeichen- und Markenschutz-Gesetzgebung als frei zu betrachten wären und daher von jedermann benutzt werden dürften.
Der Verlag, die Autoren und die Herausgeber gehen davon aus, dass die Angaben und Informationen in diesem Werk zum Zeitpunkt der Veröffentlichung vollständig und korrekt sind. Weder der Verlag noch die Autoren oder die Herausgeber übernehmen, ausdrücklich oder implizit, Gewähr für den Inhalt des Werkes, etwaige Fehler oder Äußerungen.

Lektorat: Frank Schindler

Gedruckt auf säurefreiem und chlorfrei gebleichtem Papier

Springer Fachmedien Wiesbaden ist Teil der Fachverlagsgruppe Springer Science+Business Media
(www.springer.com)

Inhalt

Einleitung   7

1 Etappen der jüngsten Geschichte Aserbaidschans   9
1.1 Unter russischer Kolonialherrschaft   9
1.2 Staatliche Selbständigkeit   19
1.3 Machtübernahme durch die Bolschewiken   24
1.4 Mitglied der Union der Sozialistischen Sowjetrepubliken   26
1.5 Nach dem Ende des Kommunismus   31

2 Exzesse ethnischer Gewalt im frühen 20. Jahrhundert   33
2.1 Der armenisch-muslimische „Krieg" 1905/06   33
2.2 Die blutigen Zusammenstöße des Jahres 1918   38
    2.2.1 Spektrum der politischen Kräfte in Baku   38
    2.2.2 Bündnis von Bolschewiken und Daschnaken   42
    2.2.3 Baku im Frühjahr: Kampf gegen die Muslime   45
    2.2.4 Nach der Tragödie   53
    2.2.5 Ausweitung der Exzesse: Schemacha und Kuba   57
    2.2.6 Baku im September: die Gegenoffensive   59

3 Territorialstreit und kein Frieden   63
3.1 Abtretung von Zangezur an Armenien   65
3.2 Nachitschewan unter aserbaidschanischem Protektorat   67
3.3 Die Auseinandersetzung um Berg-Karabach   70
    3.3.1 Zur Geschichte von Karabach   71
    3.3.2 Entscheidung des Kaukasusbüros zu Berg-Karabach   76
    3.3.3 Kritik an der getroffenen Entscheidung   82
    3.3.4 Kritik an Akteuren: Stalin und Narimanow   85
    3.3.5 Umsetzung des Autonomie-Beschlusses   89
    3.3.6 Streit um die Grenzen des Autonomiegebiets   96
    3.3.7 Stellung und politische Ordnung des Autonomiegebiets   99

3.3.8 Die Erblast: anhaltender Konflikt um Berg-Karabach 100
3.3.8.1 Territoriale Ansprüche in der Periode des Stalinismus 100
3.3.8.2 Konfliktebenen in der poststalinistischen Zeit 102
3.3.8.3 Kritische Würdigung der Sezessionsbestrebungen 104
3.3.9 Krieg um Berg-Karabach 106

4 Rechtliche Beurteilung der Karabach-Frage 113

5 Quellen- und Literaturangaben 119

5.1 Archivbestände 119
5.2 Primärliteratur 119
5.3 Sekundärliteratur 121
5.4 Zeitschriften und Zeitungen 127

Einleitung

Die im südöstlichen Teil des Kaukasus gelegene Republik Aserbaidschan ist mit dem Ende der Sowjetunion ein souveräner und völkerrechtlich anerkannter Staat geworden. Der lange Weg dorthin ist von zahlreichen Konflikten geprägt, die im Mittelpunkt dieses Buches stehen sollen. Nachdem der russische Zar das Gebiet in den ersten Jahrzehnten des 19. Jahrhunderts erobert hatte, wurde es Teil seines Kolonialreiches. Unter der Herrschaft des Zaren wanderte eine große Zahl von Armeniern aus Persien und dem Osmanischen Reich ein, die als – christliche – Stütze der Kolonialmacht willkommen waren. Die reichen Ölvorkommen vor den Toren Bakus und ihre industrielle Erschließung ab 1870 machten das Land zum Objekt neuer Begehrlichkeiten. Die russischen Kommunisten brachten es im Jahre 1920 gewaltsam unter ihre Kontrolle. Nicht zuletzt galt ihr Interesse dem aserbaidschanischen Öl, das für ihre Wirtschaft unverzichtbar war.

Schwere Auseinandersetzungen mit Armeniern und Bolschewiken sind kennzeichnend für die frühe Phase des 20. Jahrhunderts. Viele Tausend Menschen, die große Mehrheit von ihnen Aserbaidschaner, sind in den Jahren nach dem Ende des zaristischen Regimes getötet worden. Andere wurden vertrieben und weite Landstriche verwüstet. Das vom Ersten Weltkrieg und seinen Folgen traumatisierte Europa nahm die Exzesse nicht zur Kenntnis.

Die Auseinandersetzung zwischen Armenien und Aserbaidschan um Berg-Karabach schwelt bis heute und bildet eine potenzielle Gefahr für den Frieden in der ganzen Region. Das Gebiet ist von armenischen Soldaten besetzt, es herrscht ein faktischer Kriegszustand. Beide Seiten scheinen sich in dem Territorialkonflikt unversöhnlich gegenüberzustehen, wobei manche arrogante Äußerung wie die des armenischen Schriftstellers und Journalisten *Zori Balajan* die Atmosphäre zusätzlich vergiftet: „We can understand the terms Georgia, Russia, Armenia – but not Azerbaijan. By using such a term we confirm the existence of such a country."[1]

In der Fachliteratur und Publizistik sind unterschiedliche Darstellungen zu den Ereignissen zu finden, die hier behandelt werden.[2] Beide Seiten, Ar-

---
[1] Vgl. Waal, Thomas de: Black Garden, S. 150.
[2] Eine Gegenüberstellung unterschiedlicher Darstellungen der beiden Seiten ist zu finden bei Kohrs, Michael: Geschichte als politisches Argument: Der "Historikerstreit" um Berg-Karabach, S. 58ff.

menier und Aserbaidschaner, schildern die Geschehnisse aus ihrer Sicht und sehen sich im alleinigen Besitz der Wahrheit, „besonders vehement jedoch die Armenier."[3] Es gibt auch eine Vielzahl von Beispielen dafür, dass in der neutralen Form der Chronik Wertungen vorgenommen werden.[4] Es ist für den Betrachter von außen daher schwierig, ein einigermaßen verlässliches Bild der Vorgänge zu zeichnen. Entsprechendes gilt für die Opferzahlen, deren Ermittlung allerdings zusätzlich auf objektive Hindernisse stieß. So werden manche Opfer gar nicht registriert worden sein, da muslimische Tote nach Möglichkeit schnell zu bergen und binnen eines Tages zu bestatten sind. Hier schien es tunlich, an markanten Stellen die unterschiedlichen Aussagen einfach aufzulisten und gegenüberzustellen. Vor objektiven Problemen anderer Art stand die Erfassung der Bevölkerung vornehmlich in den Gebieten, die von Armenien und von Aserbaidschan beansprucht werden. Ihre Zählung wurde dadurch erschwert, dass viele muslimische Bauern als Halbnomaden lebten. Außerdem führten die zahlreichen Gewaltexzesse zu vermehrtem Ortswechsel: Menschen mussten fliehen oder wurden vertrieben. Obdachlos und unterernährt kehrten dann manche in ihre Heimat zurück, die sie bei unmittelbarer Gefahr wieder verließen.

Im Westen werben die Armenier erfolgreich für ihre Interessen mit dem Hinweis auf ihre christliche Kultur und auf die großen Opfer, die ihr Volk während des Ersten Weltkriegs im Osmanischen Reich erbringen musste. Dabei werden die Aserbaidschaner, die „Bergtürken", bei Bedarf mit in Haftung genommen. Diese können nicht mit Aussicht auf den gleichen Erfolg die „religiöse Karte" ziehen. Das belegen schon die freundschaftlichen Beziehungen, die seit vielen Jahren zwischen ihren schiitischen Glaubensbrüdern im Iran und Armenien bestehen. In Baku fühlt man sich von weiten Teilen der internationalen Gemeinschaft in Stich gelassen angesichts der Besetzung von Berg-Karabach und des umliegenden aserbaidschanischen Staatsgebiets durch armenische Truppen, die eine eklatante Verletzung des Völkerrechts darstellt.[5]

---

[3] Kohrs, a. a. O., S. 44.
[4] Vgl. Kohrs, a. a. O., S. 59.
[5] Vgl. Halbach, Uwe: Der Konflikt um Berg-Karabach – Besonderheiten und Akteure, S. 31.

1 Etappen der jüngsten Geschichte Aserbaidschans

1.1 Unter russischer Kolonialherrschaft

Die erste Hälfte des 19. Jahrhunderts war die große Zeit der russischen Expansion in den kaukasischen Raum. Zu den frühen Erwerbungen gehörte das damalige Georgien, das 1801 vom Russischen Reich einverleibt wurde. Unmittelbar danach drangen die Truppen des Zaren nach Westen an das Schwarze Meer und nach Osten in die nordaserbaidschanischen Khanate vor. Damit war der Konflikt mit dem Kadscharenreich unausweichlich. Aus dem Ersten Russisch-Persischen Krieg[6] von 1804 bis 1813 gingen die zaristischen Truppen aufgrund ihrer militär-technischen Überlegenheit siegreich hervor. Im Vertrag von Gjulistan vom Oktober 1813 mussten die Kadscharen die Einverleibung von Georgien, Dagestan und mehreren nordaserbaidschanischen Khanaten durch das Russische Reich anerkennen. Die Khanate Jerewan und Nachitschewan blieben dagegen in der Abhängigkeit des Kadscharenreiches. Das Verhältnis zwischen den beiden Mächten entspannte sich in der Folgezeit nicht. Gestützt auf ein Beistandsabkommen mit dem Vereinigten Königreich von Großbritannien und Irland, das durch eine mögliche Expansion Russlands eigene Interessen tangiert sah, drang Mitte 1826 die Kadscharen-Armee in Nordaserbaidschan mit dem Ziel der Rückeroberung der verlorenen Gebiete ein. Nach anfänglichen Erfolgen wurde sie von den zaristischen Truppen bis tief hinter ihre Ausgangslinien zurückgeworfen. Der Schah sah sich in dieser Lage zu Friedensverhandlungen mit dem Kriegsgegner gezwungen, zumal der britische Beistand ausblieb. Das Vereinigte Königreich stellte sich auf den Standpunkt, dass der Bündnisfall nicht vorgelegen habe, weil Teheran nicht das Opfer eines militärischen Angriffs geworden sei.[7] Im Friedensvertrag von Turkmantschaj vom Februar 1828 mussten die Kadscharen auch die Khanate Jerewan und Nachitschewan abtreten.

Das historische Aserbaidschan wurde auf diese Weise dauerhaft geteilt: Der südliche Teil blieb unter der Kontrolle des Kadscharenreiches, der nörd-

---

[6] Der militärische Gegner des zaristischen Russland war das Kadscharenreich. Der Begriff „Russisch-Persischer Krieg" ist jedoch eingeführt und wird hier übernommen.
[7] Vgl. Ingram, Edward: Britain's Persian Connection 1798-1828. Prelude to the Great Game in Asia, S. 212.

liche fiel unter die Herrschaft des Zaren. Die neue Grenze durchschnitt einen geographischen Raum, dessen ethnisch-religiöse Strukturen und wirtschaftlichen Verflechtungen über die Jahrhunderte gewachsen waren. Und sie lastete auf dem Identitätsgefühl der Aserbaidschaner im Norden des Landes, die nun zwangsweise der „Welt der Ungläubigen" zugeordnet waren.[8] Unterschiedliche Entwicklungen im Norden und im Süden Aserbaidschans waren für die Zukunft unausweichlich. Dabei blieben die zwischenmenschlichen Kontakte lange Zeit dank relativ offener Grenzen weitgehend unbehindert, und viele Tausend Menschen aus dem Süden konnten später in der sich entwickelnden Industrieregion Baku Beschäftigung als Wanderarbeiter finden. Erst nach der Sowjetisierung des Nordens im Jahre 1920 wurden die Verbindungen zwischen den beiden Aserbaidschans für 70 Jahre fast vollständig gekappt.[9]

Nach seinen glänzenden Siegen auf den Schlachtfeldern des Südkaukasus zeigte sich das zaristische Russland selbstbewusst. Es etablierte sich umgehend als Kolonialmacht im erworbenen Teil Aserbaidschans und verfolgte dabei zunächst vorrangig militärstrategische Ziele, der südöstliche Transkaukasus war gewissermaßen ein strategischer Vorposten für ein mögliches Vorrücken in das Kadscharenreich. Darüber hinaus galt das russische Interesse an der Region ihren Handelswegen und Bodenschätzen.[10] In den Mittelpunkt rückten im letzten Drittel des 19. Jahrhunderts die reichen Ölvorkommen vor den Toren Bakus. Bedeutung hatte das Gebiet zudem als bäuerlicher Siedlungsraum und als Verbannungsort für christliche Sektierer, deren Einfluss auf die russisch-orthodoxe Bevölkerung in der Heimat es zu unterbinden galt.[11] Ein zentrales Anliegen des Imperiums war es schließlich, als Sendbote europäischer Kultur diese in der muslimischen Peripherie zu verbreiten. Maßstäbe und Wertvorstellungen der neuen Herren sollten für die autochthone Bevölkerung verbindlich werden. Im Rahmen ihrer zivilisatorischen Mission strebte die zaristische Autokratie danach, die „halbwilde" Landbevölkerung vom Nomadentum abzubringen und sesshaft zu machen. Im fernen St. Petersburg hatte man nicht verstanden, dass die nomadische Wirtschaftsweise eine Notwendigkeit darstellte angesichts der Wasserarmut

---

[8] Vgl. Auch, Eva-Maria: Aserbaidschanische Identitätssuche und Nationswerdung bis zum Beginn des 20. Jahrhunderts, S. 104f.
[9] Vgl. Motika, Raoul: Aserbaidschan-Nationalismus und aseritürkischer Nationalismus, S. 319.
[10] Vgl. Kappeler, Andreas: Rußland als Vielvölkerreich, S. 146.
[11] Vgl. Baberowski, Jörg: Auf der Suche nach Eindeutigkeit: Kolonialismus und zivilisatorische Mission im Zarenreich und in der Sowjetunion, S. 493.

und Malaria in den sommerheißen Tälern und der Unwirtlichkeit der winterlichen Berge.[12]

Mit aller Konsequenz festigten die neuen Herren ihren politischen Anspruch auf das Land. Die alten Machtverhältnisse wurden beseitigt und durch die zaristische Herrschaftsgewalt ersetzt, den örtlichen Khanen war man ohnehin von Anbeginn mit Distanz und Misstrauen entgegengetreten. Die zaristischen Behörden schafften im ganzen Land, ihren Interessen als Kolonialmacht folgend, neue Verwaltungsstrukturen, ohne dabei auf die historischen, ethnischen und religiösen Gegebenheiten des Raumes Rücksicht zu nehmen. Mit dem Aufbau einer einheitlichen russischen Infrastruktur im letzten Drittel des Jahrhunderts – dazu gehörten die Herstellung der Währungseinheit, Einführung einheitlicher Gewichte und Maße etc. – hat man den Anschluss des Gebiets an den russischen Wirtschaftsraum vollzogen.

Bereits im Jahre 1828 ist auf Anordnung des Zaren aus den Khanaten Jerewan und Nachitschewan ein „Armenisches Gebiet" („Armjanskaja oblast"") gebildet worden.[13] In diese Grenzregionen zum Kadscharenreich und zur Hohen Pforte kamen nun armenische Familien in nicht unerheblicher Zahl. In den ersten Jahren nach Schaffung des Sondergebiets wurden etwa 45.000 Armenier in den Jerewaner Raum und rund 11.000 nach Nachitschewan umgesiedelt.[14] Aber auch andere Regionen des Transkaukasus waren Ziel von armenischen Zuwanderern. Das Abkommen von Turkmantschaj mit den Kadscharen wie auch der Friedensvertrag mit dem Osmanischen Reich von September 1829 (Vertrag von Adrianopel/Edirne)[15] hatten die formellen Voraussetzungen geschaffen für die Übersiedlung von Armeniern aus den Hoheitsgebieten der ehemaligen Kriegsgegner in den russischen Transkaukasus.

Einer Publikation aus dem Jahre 1911 zufolge stammten von den etwa 1,3 Millionen zu dieser Zeit in Transkaukasien lebenden Armeniern rund eine Million aus Familien, die im Laufe des vorausgegangenen Jahrhunderts

---

[12] Vgl. Baberowski, a. a. O., S. 494.
[13] Damit entstand erstmalig eine neuzeitliche Verwaltungseinheit, die sich in ihrer Bezeichnung auf die Armenier bezog.
[14] Vgl. Departament Wnešnej Torgowli (Hrsg.): Obozrenije Rossijskich wladenij za Kawkazom w statističeskom, etnografičeskom, topografičeskom i finansowom otnošenijach [Überblick über die russischen Besitzungen in Transkaukasien in statistischer, ethnographischer, topographischer und finanzieller Hinsicht], S. 229ff.
[15] Der Vertrag beendete den Russisch-Türkischen Krieg 1828/29. Den siegreichen Russen wurden darin u. a. große Gebietsteile im Nordosten Anatoliens zugesprochen.

dorthin umgezogen waren.[16] Hunderttausende armenische Flüchtlinge kamen dann im Zuge des Ersten Weltkriegs noch hinzu.[17] Nach den von *Auch* genannten Zahlen lebten 1846 etwa 200.000 Armenier im Transkaukasus (bei einer Gesamtbevölkerung von rund 1,5 Millionen), und im Jahre 1915 waren es 1,68 Millionen.[18] Die vorfindlichen Angaben über Wanderungsbewegungen und Bevölkerungsentwicklung in Transkaukasien sind sicherlich nicht genau. Bei allen Unklarheiten bezüglich der konkreten Zahlen lässt sich aber doch feststellen, dass die Übersiedlung von Armeniern in den Südkaukasus in dieser Zeitspanne von rund 100 Jahren eine einschneidende Veränderung der ethnischen Zusammensetzung der dort lebenden Bevölkerung zur Folge hatte.[19]

Im 18. und lange Zeit noch im 19. Jahrhundert betrachtete man in Russland die Armenier als christliche Brüder, die der patriarchalischen Unterstützung bedurften, während bei den Armeniern die Russen als Retter angesehen wurden.[20] Dem Zaren waren die Ankömmlinge als christliche Stütze seiner Herrschaft in den neuen Gebieten erwünscht.[21] Mit der „Armjanskaja oblast'" verfolgte man in St. Petersburg den Zweck, eine Pufferzone zu den Muslimen an der kaukasischen Südgrenze des Reiches zu errichten. Der Sonderstatus wurde schon im Jahre 1849 wieder aufgehoben; vom „kranken Mann am Bosporus" und dem geschwächten Reich der Kadscharen gingen keine potenziellen Gefahren mehr aus, so dass dafür keine Notwendigkeit mehr bestand.

Konflikte zwischen einheimischen Muslimen und zugewanderten Armeniern konnten in Aserbaidschan nicht ausbleiben. Kulturell-religiöse Unterschiede und konkurrierende wirtschaftliche Interessen führten zu tiefen Gräben zwischen den beiden Ethnien. Es begann mit Auseinandersetzungen um fruchtbaren Boden, bei denen die Einheimischen oft genug das Nachsehen hatten. Der russische Schriftsteller und Diplomat *Aleksandr S. Griboje-*

---

[16] Vgl. Šawrow, N.I.: Nowaja ugroza russkomu delu w Zakawkaz'e: predstojaščaja rasprodaža Mugani inorodcam [Neue Bedrohung für die russische Sache in Transkaukasien: Der bevorstehende Ausverkauf Mugans an Fremde], S. 64.
[17] Vgl. Jacoby, Volker: Geopolitische Zwangslage und nationale Identität: Die Konturen der innenpolitischen Konflikte in Armenien, S. 61f.
[18] Vgl. Auch, Eva-Maria: „Ewiges Feuer" in Aserbaidschan, S. 16.
[19] Vgl. Kohrs, Michael: Geschichte als politisches Argument: Der „Historikerstreit" um Berg-Karabach, S. 51.
[20] Vgl. Mostashari, Firouzeh: Tsarist Colonial Policy, Economic Change, and the Making of the Azerbaijani Nation: 1828-1905, S. 213.
[21] Es kamen auch Migranten anderer Nationalität, wenngleich in sehr viel geringerer Zahl, in den Südkaukasus und nach Aserbaidschan. Unter ihnen waren auch Deutsche.

dow, der mit den transkaukasischen Verhältnissen gut vertraut war, hat schon frühzeitig kritisiert, dass die Zuwanderer hauptsächlich auf muslimischem Grundbesitz angesiedelt würden. Er erkannte die Gefahr, die aus dieser Politik für das Verhältnis zwischen beiden Volksgruppen erwuchs.[22] Die Kolonialmacht ging Ende des 19. Jahrhunderts dazu über, die aus Russland kommenden Bauern und christlichen Sektierer (Molokane) bei der Landverteilung zu bevorzugen. Die Armenier genossen nun nicht mehr den Vorrang, den sie einst hatten. Dabei spielte wohl auch eine Rolle, dass die armenischen Zuwanderer die in sie gesetzten Erwartungen nicht immer hatten erfüllen können.[23] Um den russischen Kolonisten Grund und Boden zu verschaffen, wurde abermals muslimischen Bauern der Besitz genommen. Viele der so Entrechteten verließen ihr Dorf und auch das russische Aserbaidschan.[24]

Die Entdeckung großer Erdöllager auf der Abscheron-Halbinsel vor den Toren Bakus und der Beginn der industriellen Ölförderung um das Jahr 1870 brachten wirtschaftlichen Fortschritt für die Stadt und ihre Umgebung. Die soziale Dynamik, die damit verbunden war, lässt sich an der Entwicklung der Urbanisierung des Landes ablesen. Zählten im Jahre 1873 in Aserbaidschan 11,1% der Einwohner zur Stadtbevölkerung, so hatte sich ihr Anteil 1913 auf 23,8% erhöht.[25] Die stetig wachsende Bedeutung der Ölindustrie, die weitere Industriezweige nach sich zog, ließ Baku zu einer Stadt von internationalem Rang mit multiethnischer und multireligiöser Prägung werden, die immer mehr Arbeitskräfte von außerhalb brauchte. Nach dem Zensus von 1897 hatte die Stadt insgesamt 111.904 Einwohner, die größten ethnischen Gruppen bildeten die Aserbaidschaner[26] mit 40.148, die Russen mit 37.399 und die Armenier mit 19.060 Personen. Wenige Jahre später, im Jahre 1903,

---

[22] Vgl. Gribojedow, A. S.: Sočinenija v dwuch tomach. Tom 2 [Werke in zwei Bänden. Band 2]. Moskwa 1971, S. 339f.
[23] Vgl. Baberowski, a. a. O., S. 493.
[24] Vgl. Mostashari, a. a. O., S. 212.
[25] Vgl. Balajew, Ajdyn: Azerbajdžanskaja nacija [Die aserbaidschanische Nation], S. 121f. Im Jahre 1913 hatte Aserbaidschan nach Lettland und Georgien den höchsten Urbanisierungsgrad im russischen Imperium (vgl. Balajew, a. a. O., S. 123).
[26] Die Bezeichnung der angestammten Bevölkerung als „Aserbaidschaner" ist relativ jung. Zunächst gab es die geographische Bezeichnung „Aserbaidschan" für die von Türken bewohnten Gebiete im Nord-Westen des Iran. Gegen Ende des 19. Jahrhunderts begannen muslimische Intellektuelle damit, dem Begriff eine ethnische Bedeutung zu geben (vgl. Baberowski: Der Feind ist überall, S. 146f.). Von einer „aserbaidschanischen Nation" war wohl erstmalig in den 1880er Jahren in einer aserbaidschanisch-sprachigen Zeitschrift die Rede (vgl. Mostashari, Firouzeh: On the Religious Frontier, S. 129). Die im zaristischen Russland (bis in die frühe Sowjetzeit hinein) übliche Bezeichnung als „Tataren" galt neben den Aserbaidschanern allen turkstämmigen Muslimen des Reiches. In diesem Beitrag werden gleichbedeutend die Bezeichnungen „Aserbaidschaner" und „Muslime" gebraucht.

ergab die demographische Situation ein anderes Bild. Die Einwohnerzahl war sprunghaft auf 155.876 angestiegen, davon waren 56.955 Russen, 44.257 Aserbaidschaner und 26.151 Armenier.[27] Wirtschaftsmigranten aus Russland hatten die ethnische Zusammensetzung in dieser Zeit deutlich verändert. Eine nennenswerte Minderheit stellten noch die Wanderarbeiter aus dem Kadscharenreich einschließlich Süd-Aserbaidschan dar. Nach der Statistik von 1897 gehörten zu dieser Gruppe 9.426 Personen, nach der von 1903 waren es mit 11.132 etwas mehr.[28]

Am industriellen Aufstieg von Baku mit seinen Ölfeldern in der unmittelbaren Umgebung hatten nicht alle teil. Der gegen Ende des 19. Jahrhunderts einsetzende Boom in der Förderung und Verarbeitung von Erdöl, der für damalige Verhältnisse zu enormen Wachstumsraten führen[29] und das Gebiet um die Jahrhundertwende zum weltweit bedeutendsten Standort der Erdölindustrie machen sollte, brachte vor allem Russen und Armeniern sowie ausländischen Kapitaleignern Gewinne.[30] Bei der Versteigerung der Förderkonzessionen durch den russischen Staat im Jahre 1872 war für die einheimischen Muslime nicht viel übrig geblieben; sie hatten in der Regel nicht die finanziellen Mittel, um Förderrechte von den zaristischen Behörden zu erwerben.[31] Nach den von *Fenz* verarbeiteten Unterlagen ergab sich folgendes Bild: „Von den 1888 existierenden 54 Ölförderfirmen hatten nur zwei einen aserbaidschanischen Besitzer. Nur auf den ersten Blick zeigte sich die Situation bei den Raffinerien günstiger. Von 163 Firmen waren 73 im Besitz von Aserbaidschanern, mithin fast 45%. Jedoch handelte es sich hierbei zumeist um Klein- und Familienbetriebe. Nur sieben der Raffinerien arbeiteten mit mehr als 15 zumeist muslimischen Angestellten."[32]

---

[27] Vgl. Altstadt, Audrey L.: The Azerbaijani Turks, S. 32.
[28] Vgl. Altstadt, ebenda.
[29] Im Jahre 1872 förderten 1.254 Arbeiter insgesamt 14.300 Barrel Öl, im Jahre 1901 brachten es 27.673 Arbeiter auf eine Fördermenge von über 70 Millionen Barrel (vgl. Fenz, Hendrik: Zwischen Fremdherrschaft und Rückständigkeit, S. 43).
[30] Unter den ausländischen Eignern waren die Gebrüder Nobel, die sich auch durch die technische Weiterentwicklung der Industrieanlagen verdient gemacht haben.
[31] Vgl. Dschafarow, Rauf: Kontinuität und Wandel in der russischen Politik gegenüber Aserbaidschan, S. 50.
[32] Fenz, a. a. O., S. 42.

Die russische Eroberung des Kaukasus

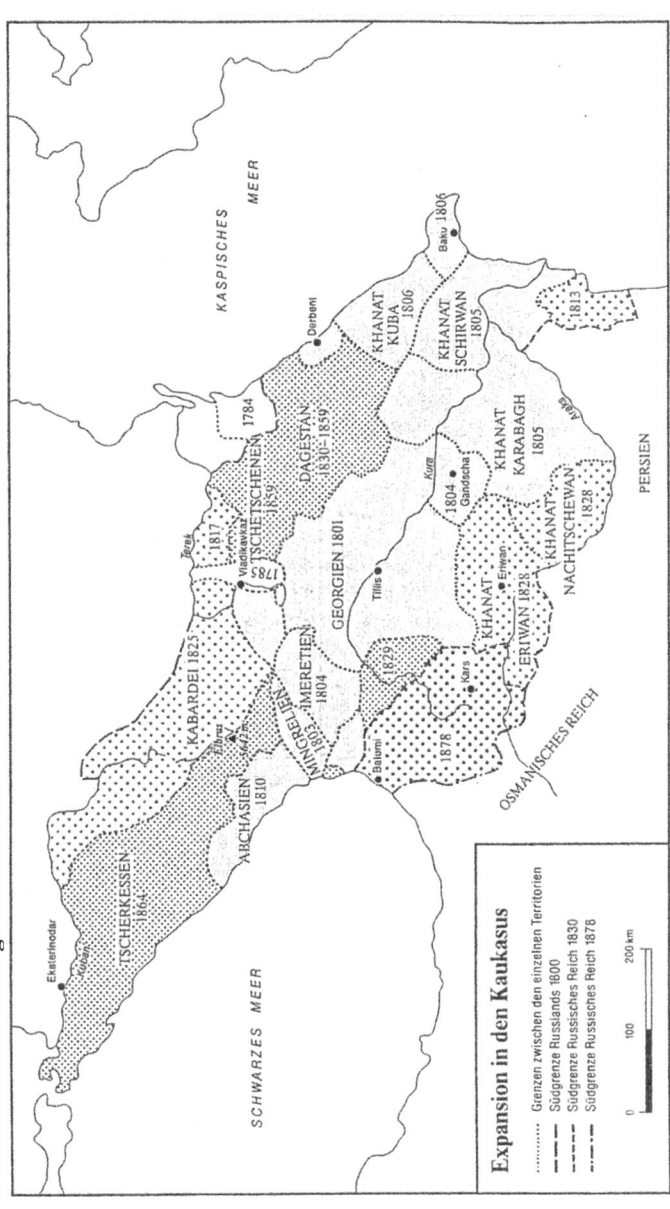

Quelle: Kappeler, Andreas: Rußland als Vielvölkerstaat, S. 143

Eine wichtige Voraussetzung für die Modernisierung des Transkaukasus und für die Integration seiner autochthonen Bevölkerung in die russifizierte Gesellschaft war der Aufbau eines leistungsfähigen Schulsystems, dessen war sich die russische Administration bewusst. Die Erfolge blieben jedoch sehr bescheiden; die Chance auf eine Schulbildung erhielten im Südkaukasus nur wenige, eine flächendeckende Beschulung wurde in der zaristischen Zeit schon gar nicht erreicht.[33] Bezeichnend für die Schulpolitik war die ethnische Segregation. Sofern Schulen errichtet wurden, öffneten sich ihre Tore in erster Linie für georgische Schüler, weniger Schulen wurden für armenische und noch weniger für aserbaidschanische Kinder und Jugendliche gebaut.[34] Die Zahl der potenziellen Schüler, differenziert nach ethnischer Zugehörigkeit, rechtfertigte eine solche Rangfolge nicht. Vorbehalte und Misstrauen gegenüber den Muslimen waren der Grund, dass man nur vergleichsweise wenigen Aserbaidschanern eine säkulare Bildung und sozialen Aufstieg ermöglichte.[35] In den Genuss des Bildungsprivilegs konnten grundsätzlich nur diejenigen kommen, deren Bereitschaft und Fähigkeit zur Anpassung an die sozialen und kulturellen Standards der Kolonialherren gewährleistet erschien.[36] Bei den christlichen Georgiern und Armeniern wurden diese Voraussetzungen grundsätzlich als gegeben unterstellt.

Folglich war die Alphabetisierungsrate unter den Muslimen besonders niedrig. Zahlenangaben aus dem Gouvernement Baku für das Jahr 1897 weisen aus, dass nur etwa 2,5% der Aserbaidschaner des Lesens und Schreibens mächtig waren. Im Vergleich dazu brachten es die Armenier auf 24,4% und die Russen auf 37,6%.[37] Erhebungen aus der Stadt Baku, die sich auf das Jahr 1903 beziehen, belegen nicht nur einen insgesamt höheren Alphabetisierungsgrad der Bevölkerung, was zu erwarten war, sondern in Hinblick darauf auch andere Relationen zwischen den Volksgruppen. Danach waren rund 20% der ortsansässigen Aserbaidschaner, 59% der Armenier und 65% der Russen alphabetisiert.[38]

Neben dem generellen Vertrauensmangel gegenüber der muslimischen Bevölkerung aus religiös-kulturellen Gründen, was sie allein schon zu einer

---

[33] Vgl. Fenz, a. a. O., S. 45.
[34] Vgl. Rhinelander, L. H.: Viceroy Vorontsov's Administration of the Caucasus, S. 99.
[35] Die russischen Behörden erkannten Koranschulen selbstverständlich nicht als Bildungseinrichtungen an.
[36] Vgl. Motika, a. a. O., S. 304.
[37] Vgl. Mostashari, Firouzeh: Tsarist Colonial Policy, Economic Change, and the Making of the Azerbaijani Nation: 1828-1905, S. 254.
[38] Vgl. Mostashari, ebenda.

nicht-staatstragenden Population machte, war ihr vergleichsweise geringer Bildungsstand ein Grund dafür, dass sie in höheren beruflichen Positionen kaum vertreten war. Die ethnische Beschäftigungsstruktur in der Stadt Baku und im ganzen Gouvernement um die Wende vom 19. zum 20. Jahrhundert spiegelte das wider. Die Russen waren vornehmlich in der Verwaltung und in der Armee vertreten oder als Facharbeiter in der Industrie beschäftigt. Unter den Armeniern gab es viele Kaufleute, andere gehörten zur Gruppe der Facharbeiter. Die Aserbaidschaner stellten den Großteil der bäuerlichen Landbevölkerung und in den Städten die kleinen Händler und Dienstleister. In der Industrie bildeten Muslime die Masse der ungelernten Arbeiter, die allerdings überwiegend Süd-Aserbaidschaner und weniger Einheimische waren.[39]

Für die gesellschaftlichen Verhältnisse hatte das tiefgreifende Konsequenzen. Unterschiede im sozio-ökonomischen und im Bildungsniveau bildeten eine Trennlinie, die weitgehend der ethnisch-kulturellen entsprach. Die generelle Bevorzugung und Besserstellung der armenischen Migranten und ihrer Nachkommen, insbesondere im wirtschaftlichen Zentrum Baku, gegenüber der Masse der muslimischen Bevölkerung, war eine notwendige Voraussetzung für die ethnischen Konflikte zwischen beiden Völkern, die das Land am Anfang des 20. Jahrhunderts überzogen haben und ein zentraler Gegenstand der nachfolgenden Ausführungen sein sollen. Die Zusammenstöße zwischen Muslimen und Russen konnten nicht minder heftig sein.[40] Sie erreichten jedoch nicht das gleiche Ausmaß an Opfern und Zerstörung und haben nicht den aktuellen Bezug wie die Auseinandersetzungen mit den Armeniern. Letztere haben einen ungleich höheren Stellenwert im öffentlichen Geschichtsbild der Aserbaidschaner.

In den ersten Jahren des 20. Jahrhunderts erlebte die Ölindustrie in Baku und Umgebung eine Krise. Der Ölpreis fiel drastisch, was nicht ohne soziale Folgen blieb. Es kam zu Massenstreiks und zu Massenentlassungen von Arbeitern. Die Streiks in Fabriken und Betrieben lebten im Januar 1905 wieder auf. Zum Februar hin waren sie nicht mehr nur Arbeitskampf oder Solidaritätsbekundung für die Opfer des St. Petersburger „Blutsonntags", sondern die

---

[39] Vgl. Mostashari, a. a. O., S. 255f.
[40] So berichtet Jörg Baberowski von Angriffen muslimischer Bauern auf russische Siedler in der im südlichen Landesteil Aserbaidschans gelegenen Mugan-Steppe, wobei sich die Kolonisten „mit Feuer und Schwert" zur Wehr setzten. Der Kampf gegen die Zuwanderer galt vor allem ihrer Wirtschaftsweise, war gegen ihre Baumwollfelder und Bewässerungsanlagen gerichtet, durch die sich die Muslime in ihrer traditionellen Viehwirtschaft beeinträchtigt sahen (Der Feind ist überall, S. 128, 130). An anderer Stelle schreibt er, dass russische Siedler, „hauptsächlich zugewanderte Molokane", an der Seite der Bolschewiken am Kampf gegen die Muslime teilgenommen haben (S. 139).

Ausstände nahmen auch den Charakter einer ethnischen Auseinandersetzung an.[41] Die Zeiten waren unruhig in Transkaukasien; nicht nur das Verhältnis der Muslime zu den „Ungläubigen", sondern auch die Beziehung zwischen Armeniern und Russen war angespannt. Der russische Generalgouverneur für den Kaukasus, der 1896 berufene Fürst *Grigorij S. Golicyn*, hatte einige Maßnahmen ergriffen, um den Einfluss der Armenier in Staat und Gesellschaft zu mindern. Zahlreiche Staatsdiener armenischer Nationalität wurden entlassen und das Eigentum der armenischen Kirche 1903 konfisziert. Es kam schließlich zu Anschlägen armenischer Terroristen. Die Phase war jedoch nur von kurzer Dauer. Der 1905 als Nachfolger von *Golicyn* im Rang eines Vizekönigs ins Amt gekommene *Graf Illarion I. Woroncow-Daschkow* erneuerte das freundschaftliche Verhältnis zu den Armeniern. Sichtbares Zeichen dafür war die Rückgabe des Kircheneigentums im August 1905. Als verlässlicher Vorposten gegenüber dem Osmanischen Reich erfüllten die christlichen Armenier nach wie vor eine wichtige Funktion für das zaristische Russland.[42] Die muslimische Mehrheitsbevölkerung spielte dagegen weiterhin eine untergeordnete Rolle in Gesellschaft und Staat.

An der Schwelle des 19. zum 20. Jahrhundert waren im Zuge der Herausbildung eines nationalen Bewusstsein unter den kolonialisierten Völkern des Südkaukasus nationale Bewegungen entstanden, die sich wachsender Zustimmung erfreuten. Es bildeten sich Parteien und Organisationen heraus, in deren Programmatik sich das ganze Spektrum von Forderungen und Bestrebungen ihrer nationalen Basis wiederfand. Obwohl sich diese Gruppierungen in vielfacher Hinsicht, nicht zuletzt in ihren politischen und ideologischen Grundpositionen, sehr voneinander unterschieden, verfolgten sie doch in der Regel ein gemeinsames Ziel: die Beseitigung der kolonialen Unterdrückung durch das zaristische Russland und die Durchsetzung eines Autonomie-Status für das eigene Volk.

Alle Bestrebungen in Richtung Eigenständigkeit, die sich nicht nur gegen die dynastische Autokratie als politisches System sondern auch gegen den ethnisierten russischen Machtanspruch wandten, mussten bei den zaristischen Behörden auf entschiedenen Widerstand treffen. Unter diesen Umständen war an eine befriedigende Lösung der nationalen Problematik nicht zu denken. Das Beharren des Imperiums auf dem politischen und gesell-

---

[41] Vgl. Mostashari, a. a. O., S. 317f.
[42] Vgl. Swietochowski, Tadeusz: Russian Azerbaijan, 1905-1920, S. 43.

schaftlichen Status quo war ein wesentlicher Grund dafür, dass sich der Zerfall des Regimes in den Jahren des Weltkriegs beschleunigte.[43]

Die politischen, sozio-ökonomischen und auch die nationalen Probleme innerhalb des Russischen Imperiums verschärften sich dramatisch. Die Krise der Gesellschaft hatte viele Symptome und war tiefgreifend, so dass der vergleichsweise geringe Widerstand gegen den Sturz der Autokratie im Februar 1917 nicht verwundern konnte. Die durch die Ereignisse an die Macht gekommene Provisorische Regierung in St. Petersburg war nicht mit dem Ziel angetreten, die nationalen Probleme Russlands zu lösen; sie sah sich in diesen Kriegsmonaten vor ganz andere Probleme gestellt. Durch die weitgehende Aufhebung nationaler und religiöser Einschränkungen ergaben sich aber bessere Bedingungen für den nationalen Emanzipationskampf der kolonialisierten Völker. In der nichtrussischen Peripherie nahm die politische Aktivität der Bevölkerung weiter zu, und das Spektrum politischer Organisationen weitete sich. Interessengegensätze zwischen den Völkern des im September 1917 zur Republik erklärten Riesenreiches wurden nun klarer sichtbar. In Transkaukasien taten sich sehr bald Konflikte zwischen den nationalen Bewegungen von Armeniern, Aserbaidschanern und Georgiern auf.

1.2 Staatliche Selbständigkeit

Mit dem Ende der zaristischen Herrschaft im März 1917 war die alte Staatsmacht in ganz Aserbaidschan binnen kurzer Zeit zerfallen. Das Machtvakuum in Baku füllten zunächst örtliche Eliten russischer und armenischer Nationalität. Der Sowjet der Arbeiter und Soldaten in der Stadt repräsentierte vorrangig die Interessen der russischen und armenischen Werktätigen und Soldaten. Die Muslime waren dort kaum vertreten. Sie standen im Übrigen den aus Europa kommenden Vorstellungen von Sozialismus weitgehend fern, die von den Revolutionären unterschiedlicher Couleur propagiert wurden.

Nach dem Zusammenbruch der alten Ordnung waren die zuvor erhobenen Forderungen nach nationaler Autonomie in einem reformierten Russland nicht mehr aktuell. Armenier, Aserbaidschaner und Georgier haben stattdessen am 22. April 1918 die selbständige Transkaukasische Föderation gegründet. Ihr war jedoch nur eine kurze Lebenszeit beschieden. Unterschiedli-

---

[43] Vgl. Burowskij, Andrej M.: Krach imperii. Kurs neizwestnoj istorii [Der Zusammenbruch des Imperiums. Kurs über eine unbekannte Geschichte], S. 230.

che Interessen der drei beteiligten Länder führten schon nach wenigen Wochen zur Auflösung des Bundes. Am 27. Mai 1918 erklärte Georgien seine Unabhängigkeit. Armeniern und Aserbaidschanern blieb gar keine andere Wahl, als dem Beispiel Georgiens zu folgen und den Weg in die Unabhängigkeit zu gehen. Tags darauf, am 28. Mai 1918 wurden Armenien und Aserbaidschan unabhängig. Die neu gegründeten Republiken standen vor der schwierigen Aufgabe, die postzaristische Gesellschaft zu konsolidieren und aus dem Stand einen eigenständigen Staat mit einem funktionierenden Regierungs- und Verwaltungsapparat aufzubauen. Für Aserbaidschan sollten sich die ethnische Gemengelage des Landes und die Territorialkonflikte mit dem Nachbarn Armenien als eine zusätzliche Hypothek erweisen.

Der aserbaidschanische Staat mit der offiziellen Bezeichnung Volksrepublik Aserbaidschan, auch als Demokratische Republik Aserbaidschan bezeichnet, umfasste ein Hoheitsgebiet von knapp 114.000 km^2. Davon waren rund 16.600 km^2 strittig,[44] auf die teils Armenien und teils Georgien unter der Fahne des nationalen Selbstbestimmungsrechts Ansprüche anmeldeten.[45] Die Zahl der Einwohner belief sich auf etwa 2,862 Millionen, von denen waren 1,952 Millionen Muslime (68,2%), 622.000 Armenier (21,4%), knapp 15.000 Georgier (0,6%) und 215.000 Russen (7,5%). Die übrigen fast 60.000 Menschen (2,3%) verteilten sich auf verschiedene Minderheiten,[46] unter ihnen waren auch Deutsche.

---

[44] Vgl. Bunijatow, Z. M. (Red.): Istorija Azerbajdžana po dokumentam i publikacijam (Geschichte Aserbaidschans in Dokumenten und Veröffentlichungen), S. 177. Die Angaben beruhen auf einer Mitteilung des damaligen Außenministeriums von Aserbaidschan.
[45] Vgl. Kipke, Rüdiger: Das armenisch-aserbaidschanische Verhältnis und der Konflikt um Berg-Karabach, S. 24f.
[46] Vgl. Bunijatow, a. a. O., S. 179.

Politische Karte der Demokratischen Republik Aserbaidschan, 1918 bis 1920[47]

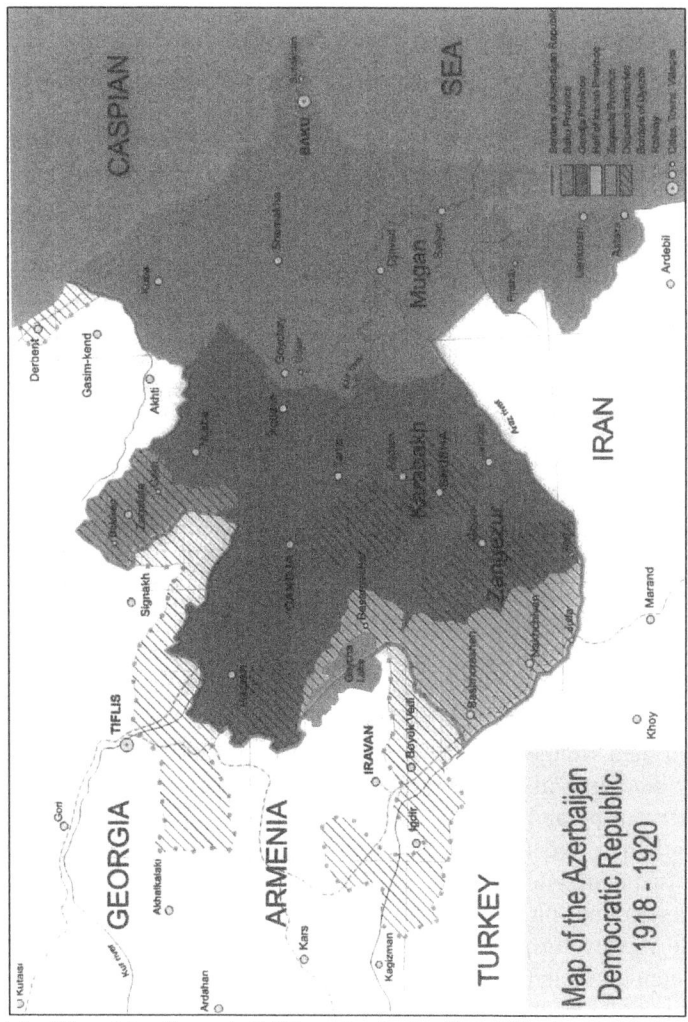

Quelle: http://de.wikipedia.org/wiki/Demokratische_Republik_Aserbaidschan

---

[47] Die Grenzziehung entspricht den Angaben der 1919 amtlich herausgegebenen Karte des Landes (vgl. Altstadt, a. a. O., S. 88). Schraffierte Flächen außerhalb der Grenzen kennzeichnen Gebiete mit aserbaidschanischem Bevölkerungsanteil, die teilweise von Aserbaidschan beansprucht wurden. Schraffierte Flächen innerhalb der Grenzen wurden im Westen von Armenien und im Norden von Georgien beansprucht.

Unter der Führung von *Fatali Chan Chojskij* und seiner muslimischen, national orientierten Musawat-Partei wurde umgehend die erste Regierung der Demokratischen Republik Aserbaidschan gebildet, die ihren Sitz zunächst in Gandscha (dem früheren Elizawetpol') nahm, der zweitgrößten Stadt Aserbaidschans. In der Metropole Baku saßen ihre Gegner, die Bolschewiken, inzwischen fest im Sattel der Macht, die sie unter Mitwirkung der armenischen Daschnaken gewaltsam an sich gerissen hatten und auf den ganzen Transkaukasus ausweiten wollten. Erst im September 1918 konnte *Chojskij* mit seiner Regierung in Baku einziehen, nachdem dort osmanische Truppen und Verbände der muslimischen „Wilden Division"[48] die Bolschewiken vertrieben und die Kontrolle übernommen hatten. Das osmanische Militär war zu dieser Zeit zweifellos eine wichtige Stütze für die Musawatisten zur Sicherung ihrer Herrschaft in der Stadt und im ganzen Land. Dieser Rückhalt entfiel mit dem Waffenstillstandsabkommen von Mudros vom Oktober 1918, das die (ehemalige) osmanische Armee zwang, den transkaukasischen Raum zu verlassen. Ihr folgten britische Soldaten nach, in Baku residierte fortan ein britischer General als höchste Instanz militärischer und politischer Macht. Der aserbaidschanischen Regierung blieb die Regelung innerer Angelegenheiten, auch der Aufbau einer kleinen Armee wurde ihr gestattet. In territorialen Streitfragen neigte die Besatzungsmacht zu vorläufigen Regelungen; endgültige Entscheidungen sollten einer späteren internationalen Friedensregelung überlassen bleiben, zu der es nie gekommen ist. Ende August 1919 verließen die britischen Truppen Aserbaidschan und dann den ganzen Südkaukasus (mit Ausnahme der Hafenstadt Batumi).

Nach dem weitgehenden Abzug des ausländischen Militärs aus der Region war die aserbaidschanische Regierung frei von fremden Befehlshabern, aber das Land befand sich in einer dramatischen Situation. Wirtschaftliche Schwierigkeiten und materielle Not unter den Industriearbeitern führten zu sozialen Spannungen. Auf dem Land kam es zu Auseinandersetzungen zwischen Bauern und mit Großgrundbesitzern um Ackerland und Weiden, weitreichende Agrarreformen wurden angekündigt aber nicht verwirklicht. Zudem prägten an vielen Orten ethnische Gewalt, Pogrome und Vertreibungen, sowie kriminelle Banden, die raubend und plündernd durch die Dörfer zogen, die Alltagserfahrung der Menschen. Unter den Bedingungen eines fortwährenden Überlebenskampfes war es für die Musawatisten ausnehmend schwer,

---

[48] Bei der „Wilden Division" (Dikaja diwizija) handelte es sich um eine muslimische Truppe, die aus Angehörigen verschiedener kaukasischer Völker bestand und am Krieg gegen das Osmanische Reich in den Reihen der zaristischen Armee teilgenommen hatte.

der aserbaidschanischen Gesellschaft die Vorstellung von nationaler Identität und patriotischer Gesinnung zu vermitteln.[49] Der Regierungswechsel von *Chojskij* zu dem Musawatisten *Nassib Bej Usubbekow* im Mai 1919, der auch Sozialisten in sein Kabinett aufnahm, konnte die erhoffte Wende nicht herbeiführen.

Die junge Republik war noch in der Aufbauphase, als sie schon von außen existenziell bedroht wurde. Die Kommunisten in Russland hatten nach ihrer Machtübernahme keinen Zweifel an ihrem Ziel gelassen, Aserbaidschan und die anderen transkaukasischen Länder in ihren Machtbereich einzubeziehen.[50] Die Erfolge ihrer Truppen im Bürgerkrieg zu Anfang des Jahres 1920 machten den Weg dazu frei. Die Eroberung der aserbaidschanischen Halbinsel Abscheron hatte wegen der dortigen Ölvorkommen für die Bolschewiken einen besonderen Stellenwert; die Energieressourcen in der Kaukasusregion waren unverzichtbar für den wirtschaftlichen Aufbau Sowjetrusslands.[51]

Die internationale Aufwertung Aserbaidschans durch seine staatliche de-facto Anerkennung seitens der Alliierten im Januar 1920 war ein halbherziger und untauglicher Versuch, das Land politisch zu unterstützen und es zum Widerstand gegen die sowjetrussische Einvernahme zu ermuntern.[52] Die völkerrechtliche Anerkennung blieb der neuen Republik versagt. Eine aserbaidschanische Delegation, die schon 1919 auf der Pariser Friedenskonferenz mit diesem Anliegen vorstellig geworden war, hatte sich nicht durchsetzen können.[53] Man überließ Aserbaidschan und den Transkaukasus seinem Schicksal. Bei den Siegermächten hatte sich offenbar sukzessive die Einschätzung durchgesetzt, dass im Transkaukasus das kommunistische Russland die Macht übernehmen würde. Sie verloren letztlich das Interesse an der „Weißen Bewegung" in Russland.[54]

---

[49] Vgl. Baberowski, Jörg: Der Feind ist überall, S. 163ff.
[50] Vgl. Croissant, Michael P.: The Armenia-Azerbaijan Conflict, S. 17.
[51] Vgl. Baberowski, a. a. O., S. 217.
[52] Vgl. Dschafarow, a. a. O., S. 86. Eine de-jure Anerkennung lehnten die alliierten Siegermächte mit der Begründung ab, dass sie sich gegen die Interessen der royalistischen Kräfte Russlands richten würde und die jungen transkaukasischen Republiken der Gefahr einer militärischen Intervention durch diese Kräfte ausgesetzt hätte (vgl. Dschafarow, ebenda).
[53] US-Präsident Woodrow Wilson empfing die Delegation zwar zu einem Gespräch, machte aber seine ablehnende Haltung gegenüber den Wünschen der Aserbaidschaner mit dem Hinweis deutlich, dass man keine Aufteilung der Welt in kleine Einheiten wolle. Die aserbaidschanische Frage, so ließ der Präsident seine Gäste wissen, könnte nicht gelöst werden vor der generellen Klärung der russischen Frage (vgl. Kazemzadeh, Firuz: The Struggle for Transcaucasia, S. 266).
[54] Vgl. Baberowski, a. a. O., S. 161.

1.3 Machtübernahme durch die Bolschewiken

Gegen Ende April 1920 überschritt die Rote Armee der russischen Bolschewiken von Norden kommend die Grenze zu Aserbaidschan. Die kleine aserbaidschanische Armee leistete den Eindringlingen faktisch keinen Widerstand. Sie war ohnehin im Kampf mit armenischen Verbänden im Westen des Landes weitgehend gebunden.[55] Der Nachbar Georgien war Baku vertraglich zum Beistand verpflichtet, zog es aber vor, dem übermächtigen Gegner nicht militärisch entgegenzutreten. So konnten die roten Verbände zügig nach Baku und in das ganze Land vorrücken.

Die Übernahme der Staatsgewalt durch die Kommunisten verlief auch ohne politische Gegenwehr der Musawatisten. Das Parlament beschloss am 27. April, die Macht vollständig an die Bolschewiken zu übergeben.[56] Der Gouverneur von Gandscha gehörte zu denen, die sich gleich in den Dienst der Sieger stellten.[57] Die Aserbaidschanische Sozialistische Sowjetrepublik wurde unverzüglich gegründet, und ein provisorisches Revolutionskomitee unter dem Vorsitz von *Nariman Narimanow* übernahm die Regierungsgewalt. Er gehörte früher dem linken Flügel der muslimischen Himmät-Partei in führender Funktion an, hatte sich im Sommer 1918 nach Russland abgesetzt und in Moskau hohe politische Ämter bekleidet. Als Mitglied der erst einige Wochen zuvor gegründeten Kommunistischen Partei Aserbaidschans begann er nun eine neue politische Karriere in Baku. Seine nationalkommunistische Ausrichtung war nicht das, was sich die Moskauer Genossen vorstellten. Aber zu dieser Zeit und an dieser Stelle gab es zum Muslim *Narimanow* auch mit Blick auf die gewollte Strahlkraft der Revolution für den Orient keine Alternative. Darüber hinaus genoss er das Vertrauen Lenins.[58]

---

[55] Einen großen Teil der Streitkräfte hatte die Regierung nach Karabach befohlen, wo im März 1920 um Schuscha und andere Orte heftige Kämpfe entbrannt waren.
[56] Vgl. Gusejnow, I. A. (Red.): Bor'ba za pobedu sowetskoj wlasti w Azerbajdžane 1918-1920 [Der Kampf für den Sieg der Sowjetmacht in Aserbaidschan 1918-1920], S. 461f.
[57] Vgl. Gusejnow, a. a. O., S. 466.
[58] Vgl. Baberowski, a. a. O., S. 283.

Die Rote Armee in Baku[59]

Quelle: King, David: The Commissar Vanishes, S. 68.

Die Bevölkerung der Hauptstadt leistete ebenso wenig Widerstand gegen die neuen Machthaber, die nun den „Klassenfeind" verfolgten - wen immer sie dafür hielten. Mit willkürlichen Verhaftungen und Erschießungen verbreiteten sie Angst und Schrecken. Wohlhabende oder gebildete Muslime litten unter der Gewalt mehr als die der gleichen sozialen Schicht zugehörigen

---

[59] Das Photo zeigt Rotarmisten zusammen mit politischen Führern vor einem gepanzerten Zug im Bahnhof von Baku Ende April 1920. In der ersten Reihe sind Sergej Mironowitsch Kirow (2. von links) und Grigorij (Sergo) Konstantinowitsch Ordschonikidze (3. von links) zu sehen. Die beiden Bolschewiken haben bei der Sowjetisierung der südkaukasischen Staaten eine maßgebliche Rolle gespielt.

Russen und Armenier, die nicht in den Verdacht kamen, Parteigänger der Musawatisten gewesen zu sein.[60] Im übrigen Land leistete die Bevölkerung dagegen an zahlreichen Orten bewaffneten Widerstand, mitunter gut organisiert,[61] worauf die Bolschewiken mit Gewalt und Terror antworteten. Besonders folgenreich waren die Ereignisse von Gandscha im Mai 1920. Nicht nur der aussichtslose Kampf der aserbaidschanischen Bewohner gegen die Rote Armee kostete Tausenden Menschen das Leben. Der Terror des bolschewistischen Geheimdienstes tat ein Übriges; nach tagelangen Verhören ließ die Tscheka[62] etwa 4.000 Gefangene erschießen.[63] Es war jedoch ein Trugschluss zu meinen, Ruhe und Unterordnung ließen sich auf diesem Wege erzwingen. Vielmehr weitete sich der Aufruhr im Lande noch aus. Erst im Laufe des Jahres 1924 fanden die großflächigen Aufstände ein Ende. Begrenzte Auseinandersetzungen um Boden oder Wasser mit und ohne ethnische Komponente hielten auch danach noch an.

1.4 Mitglied der Union der Sozialistischen Sowjetrepubliken

Nach Aserbaidschan wurden Anfang Dezember 1920 Armenien und Mitte Februar 1921 Georgien von der Roten Armee erobert und beide Staaten ebenfalls zu Sowjetrepubliken erklärt. Die Vereinigung der drei Länder mit Sowjet-Russland und weiteren Sowjetrepubliken ist dann binnen kurzer Zeit vollzogen worden. Auf Geheiß der Moskauer Führung hat man zunächst im März 1922 Armenien, Aserbaidschan und Georgien zur Union der Sowjetrepubliken Transkaukasiens vereint, die schließlich Ende des Jahres 1922 in die Transkaukasische Föderative Sozialistische Sowjetrepublik überging. Wenige Wochen später ist am 30. Dezember 1922 die Union der Sozialistischen Sowjetrepubliken (UdSSR) gegründet worden, die Sowjet-Russland, die Sowjet-Ukraine, Sowjet-Weißrussland und die Transkaukasische Sowjetrepublik in einem Staat mit formell föderativer Struktur zusammenschloss.

---

[60] Vgl. Baberowski, a. a. O., S. 256f.
[61] Nach Ferhat Avşar lässt „die gute Organisation und der lang andauernde bewaffnete Widerstand auf dem Land" darauf schließen, „dass die Musawat-Regierung, kurz vor ihrem politischen Sturz, die aserischen Streitkräfte durch die Verlegung in den Westen schonen wollte und die Bekämpfung der Roten Armee außerhalb Bakus als Erfolg versprechender ansah als in den Metropolen" (Schwarzer Garten im Land des ewigen Feuers, S. 114).
[62] Tscheka ist die Abkürzung für den im Dezember 1917 gegründeten Staatssicherheitsdienst Sowjetrusslands.
[63] Vgl. Baberowski, a. a. O., S. 266f.

Mit der Auflösung der Transkaukasischen Sowjetrepublik wurden Armenien, Aserbaidschan und Georgien im Dezember 1936 eigenständige Gliedstaaten der Sowjetunion. Mit allen diesen rechtlichen Konstruktionen war keine politische Autonomie für die einzelnen staatlichen Glieder verbunden, vielmehr stand jede Sowjetrepublik von Anbeginn unter der politischen Führung und Kontrolle der Moskauer Zentrale.

Die Erklärungen der russischen Bolschewiken zur Nationalitätenpolitik waren verheißungsvoll. Schon im November 1917 hatten sie sich mit Blick auf die Völker Russlands zu folgenden Grundprinzipien bekannt: Gleichheit und Souveränität aller Völker, ihr Recht auf freie Selbstbestimmung bis hin zur Lostrennung von Russland und Bildung eigenständiger Staaten, Abschaffung aller nationalen und religiösen Privilegien und Beschränkungen sowie freie Entwicklung der nationalen Minderheiten und ethnischen Gruppen.[64] Nach der Konsolidierung ihres Machtbereichs, insbesondere nach dem 12. Parteitag der Kommunistischen Partei im April 1923, haben sie sich in Umsetzung ihrer Grundsätze einer Politik verschrieben, die unter dem Schlagwort „korenizacija"[65] das Ziel verfolgte, Partei, Staat und Gesellschaft in den nichtrussischen Sowjetrepubliken und autonomen Gebietseinheiten bis in die Führungspositionen hinein möglichst weitgehend zu nationalisieren und den Menschen kulturelle Eigenständigkeit zu gewähren. Die „kulturell rückständigen", vormals durch die russische Kolonialmacht unterdrückten Völker wurden explizit gefördert. Zu ihnen zählte man auch die Aserbaidschaner. Die christlichen Armenier fielen nicht unter diese Kategorie, sie gehörten nach Auffassung der Kommunisten zu den fortgeschrittenen (im zivilisatorischen Sinne) westlichen Nationen.[66]

Die erklärte Rückständigkeit stigmatisierte nicht, sie war vielmehr der Ausweis dafür, Opfer der früheren russischen Kolonialherren gewesen zu sein. Erhebliche personelle und finanzielle Ressourcen wurden aufgebracht, um muttersprachlichen Schulunterricht[67] zu ermöglichen. Aserbaidschaner konnten in beträchtlicher Zahl Führungspositionen in Partei und Staat sowie in den Betrieben besetzen. Diese spezifische Förderung schien den Bolschewiken der geeignete Weg, um in ihrem Machtbereich die politische Loyalität aller Völker einschließlich der muslimischen zu gewinnen. Die propagierte

---

[64] Vgl. Baberowski, a. a. O., S. 186f.
[65] Das Wort „korenizacija" bedeutet so viel wie „Verwurzelung" (russisch: koren' = Wurzel).
[66] Vgl. Baberowski, a. a. O., S. 321.
[67] Freilich wurde das Bildungsangebot nicht von allen angenommen. Die muslimischen Bauern, mithin die große Mehrheit der Bevölkerung, standen der neuen Schule sehr distanziert gegenüber.

Politik barg jedoch vielerorts die potenzielle Gefahr neuer Gräben; in Aserbaidschan drohte sie Russen und Armenier aus ihren bisherigen Führungspositionen zu verdrängen.

Nach der Volkszählung von 1926 gehörten von den rund 2,3 Millionen Einwohnern der Sowjetrepublik Aserbaidschan 62,1% zur Titularnation, sie waren ethnische Aserbaidschaner. Die Armenier stellten 12,2% der Bevölkerung, und 9,5% waren Russen.[68] Die Bevölkerungszahl stieg in der Folgezeit kontinuierlich, wobei sich ihre ethnische Zusammensetzung im Zuge der wirtschaftlichen und politischen Entwicklungen erheblich veränderte.[69]

Die Gesellschaft des sowjetischen Aserbaidschan war in den 1920er Jahren noch weit von den Ordnungsvorstellungen des propagierten Sozialismus entfernt. Das galt insbesondere in den ländlichen Regionen, für die Lebenswelt der Bauern. Das sollte sich ab dem Ende des Jahrzehnts ändern; *Stalin* war zum uneingeschränkten Alleinherrscher aufgestiegen. Der sich schnell entwickelnde Kult um seine Person, der nur die unkritische Verehrung und Glorifizierung des politischen Führers zuließ, war äußerliches Symbol seiner totalitären Machtposition. *Stalin* beendete die „Neue ökonomische Politik" und verfolgte rigoros seine zentralen innenpolitischen Ziele: Aufbau der Schwerindustrie, Kampf gegen das „Kulakentum" und Kollektivierung der Landwirtschaft.

Die zwangsweise Vergesellschaftung der Landwirtschaft, seit Ende des Jahres 1929 forciert in der ganzen Sowjetunion betrieben, bedeutete einen massiven Eingriff in die bestehenden sozio-ökonomischen Strukturen. Auch in Aserbaidschan haben die Bauern dagegen Widerstand geleistet, der vielen Tausend Menschen das Leben kostete.[70] Auf Dauer hatte er jedoch keine Erfolgschance und brach sukzessive zusammen. Mitte des Jahres 1931 waren schon 52,7%, Mitte 1937 dann 93,9% der Landwirtschaft in der Sowjetunion

---

[68] Vgl. Simon, Gerhard: Nationalismus und Nationalitätenpolitik in der Sowjetunion, S. 427; ähnlich Müller, Daniel: Sowjetische Nationalitätenpolitik in Transkaukasien 1920-1953 (der alle weiteren Minderheiten in Aserbaidschan auf der Grundlage der Volkszählung von 1926 auflistet), S. 107ff.

[69] Die expandierende Ölindustrie führte immer mehr Russen ins Land, so dass deren Bevölkerungsanteil bis zum Beginn des Zweiten Weltkriegs – bei einer Gesamtbevölkerung von 3,2 Millionen – auf 16,5% stieg, während der Anteil der Aserbaidschaner auf 58,4% sank (vgl. Simon, ebenda, der für das Jahr 1939 keine Angaben zum Bevölkerungsanteil der Armenier macht). Vor allem Fachkräfte aus der ganzen Sowjetunion zog es in das Land. In späteren Jahrzehnten verschoben sich die Relationen wieder zugunsten der Aserbaidschaner, hierbei spielte auch die höhere Geburtenrate eine Rolle. Bei einer Einwohnerzahl von gut 6 Millionen im Jahre 1979 waren 78,1% Aserbaidschaner, dagegen Russen und Armenier nur noch jeweils 7,9% (vgl. Simon, ebenda). Von den aktuell rund 9,4 Millionen Einwohnern Aserbaidschans sind etwa 91% ihrer ethnischen Herkunft nach Aserbaidschaner (vgl. http://www.worldguide.de/wg/az/az0307.htm).

[70] Vgl. Baberowski, a. a. O., S. 703ff. (713).

kollektiviert.⁷¹ Ökonomisch erwies sich die Kollektivierung als Fehlschlag. Die Leistungsfähigkeit des Agrarsektors blieb hinter den politischen Erwartungen weit zurück, Hungersnöte in großen Teilen des Landes waren die Folge. Vom Großen Terror der Stalinzeit blieb Aserbaidschan ebenso wenig verschont. „Spätestens seit Juni 1937 verwandelte er sich in einen besinnungslosen Amoklauf," schreibt *Baberowski*.⁷² Die Denunziation feierte ihre Erfolge; „Verräter" und „Volksfeinde" wurden in großer Zahl „entlarvt". Zehntausende Menschen aus allen Bevölkerungsschichten, unabhängig von ihrer ethnischen Zugehörigkeit, fielen dem Terror zum Opfer. Angehörige der geistigen und politischen Elite wie einfache Bauern wurden entweder hingerichtet oder in Haft genommen. Von einer politischen Ordnung konnte in Aserbaidschan in dieser Zeit keine Rede mehr sein.⁷³ Gegen Ende der 1930er Jahre wich der Große Terror einer Rehabilitierungsphase, die für viele zu spät kam. Junge Aserbaidschaner, in der Sowjetzeit sozialisierte und ausgebildete Menschen, übernahmen die vakant gewordenen Führungspositionen.⁷⁴

Im Laufe der 1930er Jahre ist die „korenizacija" als strategisches Konzept der Nationalitätenpolitik in den Hintergrund getreten, offiziell ist sie jedoch niemals für beendet erklärt worden. Es setzte nun eine allmähliche Russifizierung des öffentlichen Lebens und Hervorhebung des russischen Volkes ein, wie sie etwa Anfang des Jahres 1937 in einem Leitartikel der „Prawda", des Zentralorgans der Partei überschwänglich zum Ausdruck kam. „Die Reste des Misstrauens verschiedener Nationalitäten, die in der UdSSR leben, gegenüber den Russen sind verschwunden. Erstarkt ist das unverbrüchliche und heilige (swaščennyj) Gefühl der Freundschaft, der Liebe und der Dankbarkeit aller Völker der Union gegenüber dem Ersten unter Glei-

---

⁷¹ Vg. Iwnickij, N. A.: Kollektiwizacija i raskulačiwanije [Kollektivierung und Entkulakisierung], S. 278.
⁷² Baberowski, a. a. O., S. 812.
⁷³ Vollstrecker des Terrors in Aserbaidschan war der Erste Sekretär der Aserbaidschanischen Kommunistischen Partei, Mir Džafar Bagirow, der offenkundig das Vertrauen Stalins besaß. Nach dessen Tod wurde Bagirow entmachtet und schließlich im Jahre 1956 wegen „Verletzung der sozialistischen Gesetzlichkeit" zum Tode verurteilt und hingerichtet (vgl. www.peoples.ru/state/party/mir_ dzhafar_bagirov/index.html).
⁷⁴ Vgl. Baberowski, a. a. O., S. 828. Diese Entwicklung widerspricht der Feststellung von Simon (und anderen), der Große Terror habe zur Russifizierung der Eliten in zahlreichen nichtrussischen Sowjetrepubliken geführt, lediglich in Armenien und Georgien sei das nicht der Fall gewesen (vgl. Simon, a. a. O., S. 193f.).

chen – gegenüber dem russischen Volk, seiner Sprache und Kultur."[75] Namentlich bei den muslimischen Völkern der Sowjetunion mussten solche Aussagen als Herabsetzung und als Angriff auf ihre national-kulturelle Identität verstanden werden.

Im Zweiten Weltkrieg haben die deutschen Truppen ihr strategisches Ziel, die Ölfelder von Baku zu besetzen, nicht erreicht. Sie konnten nicht einmal bis auf aserbaidschanisches Territorium vordringen. In den Reihen der Roten Armee standen viele Soldaten aus den muslimischen Sowjetrepubliken, die häufig einen schweren Stand in ihren Einheiten hatten. Die Befehle ergingen auf Russisch, die sie mangels Sprachkompetenz nicht verstanden. Beleidigungen und Gewalt waren zumindest zu Beginn des Krieges an der Tagesordnung.[76] Die Völker der Sowjetunion haben in diesem Krieg große Opfer erbracht. Unter ihnen waren rund 210.000 Aserbaidschaner, die ihr Leben auf den Schlachtfeldern gelassen haben, und etwa 110.000 aserbaidschanische Zivilopfer.[77]

Nach dem Tod *Stalins* setzte mit der Ära von *Nikita S. Chruschtschow* eine Periode innenpolitischer Entspannung („Tauwetter") ein, in der durch eine teilweise Dezentralisierung sowie eine tolerantere Kulturpolitik gewisse Freiräume auch an der muslimischen Peripherie der Sowjetunion geschaffen wurden.[78] Ethnisch-nationales Selbstbewusstsein erlebte einen bescheidenen Aufbruch. Vor allem die gewachsenen ökonomischen Schwierigkeiten und die entstandenen Risse im Lager des Weltkommunismus führten 1964 zum Sturz von *Chruschtschow*. Damit fand die Tauwetter-Periode ihr Ende. Sein Nachfolger *Leonid I. Breschnew* konnte weder durch die Rücknahme von volkswirtschaftlichen Strukturreformen seines Vorgängers die ökonomische Situation nachhaltig verbessern noch den Bruch mit der Volksrepublik China verhindern. Trotz beachtlicher Produktionssteigerungen in den 1970er Jahren, der wirtschaftlichen Erschließung von weiteren Ölfeldern, wodurch die

---

[75] Welikij russkij narod [Das große russische Volk {namentlich nicht gezeichnet}], in: Prawda, vom 15. 01. 1937, S. 1.
[76] Um diesbezüglich eine Verbesserung der Situation an der Front herbeizuführen, wandte sich im Oktober 1941 die Kommunistische Partei Aserbaidschans an die zuständigen militärischen Stellen der Sowjetarmee. Der Erfolg war, dass nun spezielle Kurse eingerichtet wurden, in denen minimale Kenntnisse des Russischen für den militärischen Gebrauch vermittelt wurden. Später hat man mit der 416. Division eine Einheit geschaffen, in der vornehmlich Aserbaidschaner dienten (vgl. Qaffarov, Tahir (Hrsg.): Azərbaycan Tarixi, 7. cild., 1941 – 2002-ci cıllar [Geschichte Aserbaidschans, 7. Bd., 1941 - 2002], S. 13f.
[77] Vgl. Erlichman, Wadim W.: Poteri narodonaselenija w XX weke: Sprawočnik [Bevölkerungsverluste im XX. Jahrhundert: Handbuch], S. 23.
[78] Vgl. Kappeler, a. a. O., S. 310.

aserbaidschanische Ölindustrie an Bedeutung verlor, und anderen Rohstoffressourcen, nahm die Leistungsfähigkeit der sowjetischen Wirtschaft kontinuierlich ab. Die Reformen am Wirtschaftsmechanismus scheiterten letztlich an den Grenzen des planwirtschaftlichen Modells.[79] Unter dem anspruchsvollen Schlagwort „Perestrojka" (Umgestaltung) setzte der im März 1985 an die Macht gekommene *Michail S. Gorbatschow* eine Politik in Gang, die nach wenigen Jahren mit dem Zusammenbruch der Sowjetunion enden sollte. Der politische und wirtschaftliche Niedergang der Union und der Autoritätsverlust der Moskauer Führung weiteten vielerorts den Raum für nationale Emanzipationsbewegungen. Ethnisch-national motivierte Unruhen wurden im Dezember 1986 aus Kasachstan gemeldet. Im Jahr 1988 traten dann in mehreren Sowjetrepubliken nationale Bewegungen öffentlich mit Forderungen nach Selbständigkeit auf. Im selben Jahr entbrannte der blutige Territorialkonflikt zwischen Armenien und Aserbaidschan um das Gebiet Berg-Karabach, dem ein eigenes Kapitel in diesem Buch[80] gewidmet ist.

1.5 Nach dem Ende des Kommunismus

Die Sowjetunion wurde mit dem Ende des Jahres 1991 aufgelöst und ging als Völkerrechtssubjekt unter. Alle Sowjetrepubliken sind der Reihe nach unabhängige Staaten geworden. Am 30. August 1991 hat der Oberste Sowjet Aserbaidschans die Erklärung über die Wiederherstellung der staatlichen Unabhängigkeit der Volksrepublik Aserbaidschan (der Jahre 1918 bis 1920) angenommen. Wenige Wochen später, am 21. September 1991, hat Armenien seine Unabhängigkeit erklärt. Georgien hatte diesen Schritt schon am 09. April 1991 vollzogen.

Die aserbaidschanische Verfassung sieht ein präsidentielles Regierungssystem vor. Erster Präsident des unabhängig gewordenen Staates wurde der Kommunist *Ajaz Mutalibow*. Unter seiner Führung wurden die Grundlagen für marktwirtschaftliche Strukturen geschaffen. Er verlor das Amt nach turbulenten Entwicklungen bereits im Mai 1992. Sein Nachfolger *Abulfas Aliev Eltschibej* von der aserbaidschanischen Volksfront, der ein Jahr regierte, betrieb eine konfrontative Politik gegenüber Russland, um sich aus dessen

---

[79] Vgl. Rauch, Georg v.: Geschichte der Sowjetunion, S. 555ff.
[80] Kap. 3.3.9.

Einfluss zu befreien. Die verbliebenen russischen Soldaten mussten ihre Stützpunkte in Aserbaidschan im Frühjahr 1993 räumen.[81]

Erst unter dem im Oktober 1993 gewählten Präsidenten *Heidar Alijew*, früher Kommunist in einflussreicher Position und jetzt Vorsitzender der Neuen Aserbaidschanischen Partei, trat eine gewisse Normalisierung des mittlerweile sehr gespannten Verhältnisses zu Russland ein.[82] Er führte das Land zurück in die Gemeinschaft Unabhängiger Staaten (GUS), nachdem es erst ein Jahr zuvor aus der Organisation ausgetreten war.[83] Andererseits herrschte inzwischen faktisch Krieg um das zu Aserbaidschan gehörende Gebiet Berg-Karabach, das die Armenier beanspruchen und mit Gewalt zu annektieren trachten. *Alijew* konnte im Mai 1994 unter russischer Vermittlung einen Waffenstillstand mit den vorrückenden armenischen Truppen erreichen, die seither einen beträchtlichen Teil des aserbaidschanischen Territoriums besetzt halten. Aus politischen wie aus wirtschaftlichen Gründen öffnete der Präsident sein Land gegenüber dem Westen, für den Aserbaidschan wegen seiner reichen Energieressourcen und seiner geo-strategischen Lage ein attraktiver Partner ist. Seit 1994 sind zahlreiche Verträge mit westlichen Konzernen geschlossen und ihnen große Möglichkeiten zur Erdölförderung eröffnet worden. Das Rohöl dominiert den aserbaidschanischen Export völlig und macht das Land entsprechend abhängig.

Heidar Alijew regierte das Land bis Oktober 2003. Ihm folgte sein Sohn *Ilham Alijew* nach, der bis heute das Präsidentenamt inne hat. Er hat ein schweres politisches Erbe übernommen. Die Konfrontation mit Armenien wegen des Konflikts um Berg-Karabach lastet auf dem Land. Sie hat nicht zuletzt zur Folge, dass ganz erhebliche Finanzmittel des Staates in den Verteidigungshaushalt fließen. Zudem stellt die Versorgung von Hunderttausenden Flüchtlingen und Vertriebenen aus den von Armenien besetzten aserbaidschanischen Gebieten und aus Armenien nach wie vor hohe Anforderungen an die Leistungsfähigkeit des heute rund 9,4 Millionen Einwohner zählenden Landes. In den letzten Jahren konnten die politischen und wirtschaftlichen Beziehungen zum Westen weiter entwickelt werden, in denen Russland keine herausragende Rolle mehr spielt.

---

[81] Vgl. Dschafarow, a. a. O., S. 170.
[82] Vgl. Dschafarow, a. a. O., S. 175.
[83] In der Zeit von September 1993 bis zum Frühjahr 1999 war Aserbaidschan außerdem Mitglied in der von Russland dominierten Organisation zum Vertrag über Kollektive Sicherheit.

2 Exzesse ethnischer Gewalt im frühen 20. Jahrhundert

2.1 Der armenisch-muslimische „Krieg" 1905/06

Die Struktur der Gesellschaft Aserbaidschans zu Beginn des 20. Jahrhunderts sorgte für eine labile Koexistenz von Aserbaidschanern auf der einen und Armeniern auf der anderen Seite. Die Masse der Muslime sah sich im eigenen Land diskriminiert, der politischen und ökonomischen Herrschaft von Fremden ausgesetzt. Unter solchen Bedingungen bedarf es in einer zugespitzten innenpolitischen Lage nur eines Funkens, um die gesellschaftlichen Spannungen zur Entladung zu bringen. So geschah es in Aserbaidschan.

Im Zentrum von Baku kam es am 06. Februar 1905 zu einem Verbrechen auf offener Straße. Ein Muslim ist von armenischer Hand erschossen worden, das Opfer war ein junger Mann aus wohlhabender und bekannter Familie. Fast gleichzeitig erzitterte die Stadt unter einer mächtigen Schallwelle. Nur wenige kannten zunächst die Ursache dafür: im Hafen waren drei Öltanker explodiert. Niemand innerhalb und außerhalb der gewaltgewohnten Stadt konnte ahnen, dass die Vorfälle Ausgangspunkt von heftigen Gewaltausbrüchen sein würden. Sicherlich waren Gerüchte über geplante Anschläge und Übergriffe vorausgegangen, die ihre Wirkung auf die allgemeine Atmosphäre nicht verfehlen konnten. Die Muslime fühlten sich von den Armeniern, und die Armenier von den Muslimen bedroht. Vor dem Hintergrund der Gerüchte konnte es für viele Aserbaidschaner an diesem Februar-Tag keinen Zweifel mehr geben: die Armenier hatten wieder ein Attentat verübt.[84]

Nun brach in den folgenden Tagen die offene Gewalt auf der Straße aus. Bewaffnete Muslime aus der Stadt und von den umliegenden Dörfern und Ölfeldern zogen plündernd und tötend durch Baku und schließlich auch über die naheliegenden Ölfelder. Ihre Opfer waren Armenier, die ihrerseits aus ihren Häusern heraus auf die Angreifer schossen und mitunter zur Offensive übergingen. Tausende von Menschen, Armenier und auch Russen, flüchteten aus der Stadt. Der Aufruhr fand erst am 10. Februar auf den Ölfeldern vor

---

[84] Vgl. Wiese, Stefan: Lalaevs Haus brennt. Das Februarpogrom von 1905 in Baku, S. 121f.

der Stadt ein Ende.[85] Nach *Wiese* stand die Mehrheit der Gewalttäter auf Seiten der Muslime. Er gibt die Zahl der Todesopfer mit 232 an, von denen etwa 200 Armenier gewesen sein sollen, relativiert die Aussage aber sogleich mit dem Hinweis, dass ein Teil der muslimischen Toten vor ihrer Registrierung von Angehörigen fortgeschafft und beerdigt worden seien.[86] Ende August begannen erneut schwere interethnische Auseinandersetzungen in Baku. Armenische und muslimische Banden zogen plündernd und mordend umher und zerstörten manchem seiner Einwohner die wirtschaftliche Basis. Dabei soll es nach *Villari* 600 bis 700 Tote und Verwundete gegeben haben.[87] *Hofmann* berichtet von 600 Toten, wovon zwei Drittel Aserbaidschaner gewesen seien.[88] Anfang November erlebte die Stadt schließlich einen dritten schweren Ausbruch von Gewalt.

Zweifellos ist *Wiese* beizupflichten, wenn er zum Ausdruck bringt, dass sich der unbeteiligte Dritte mit einer Fülle widersprüchlicher Berichte und Details auseinandersetzen muss, will er genauer wissen, was im Februar des Jahres 1905 in Baku geschah.[89] Aber diese Feststellung hat nicht nur für diese Tage und diesen Ort Gültigkeit, sie gilt – darauf sei hier noch einmal hingewiesen – allgemein für den armenisch-muslimischen „Krieg" der Jahre 1905 bis 1907 und darüber hinaus für andere blutige Ereignisse jener Zeit im Transkaukasus.

Von der Historiographie ist immer wieder die Frage gestellt worden, warum die Behörden nicht gegen die Gewalttaten eingeschritten sind. Die Staatsmacht hat sich in diesen Tagen einfach für machtlos, überlastet oder für nicht zuständig erklärt[90] und damit eine lapidare Begründung gegeben, die niemanden überzeugen konnte. In der zeitgenössischen Literatur wurde die Auffassung vertreten, dass die Staatsgewalt absichtlich zu den Unruhen angestiftet habe, um die selbstbewusst gewordene Arbeiterbewegung oder aber Armenier und Muslime als Volksgruppen zu schwächen.[91] Andere Autoren äußern sich heute dazu vorsichtiger, ohne der Aussage wirklich zu wider-

---

[85] Vgl. Baberowski, Jörg: Der Feind ist überall, S. 77f.; Wiese, a. a. O., S. 122.
[86] Wiese, ebenda.
[87] Villari, Luigi: Fire and Sword in the Caucasus, S. 14.
[88] Vgl. Hofmann, Tessa: Annäherung an Armenien, S. 78.
[89] Wiese, a.a.O., S. 122f.
[90] Vgl. Wiese, a. a. O., S. 124. Wiese zufolge hat das Militär (erst) am Nachmittag des 08. Februar punktuell in die Auseinandersetzungen eingegriffen (S. 128).
[91] Vgl. Wiese, a. a. O., S. 120; im Übrigen Polly, Adrian: Zu Russlands Revolution und Neugeburt, S. 122.

sprechen.[92] Welche Rolle die Behörden oder einzelne Behördenvertreter vor Ort auch immer bei den Auseinandersetzungen gespielt haben mögen, so kann doch nicht davon ausgegangen werden, dass die politische oder die militärische Führung bewusst und gewollt den Dingen ihren Lauf ließen. Bereits am zweiten Tag der Unruhen in Baku hatte der Gouverneur der Stadt den militärischen Oberbefehlshaber am Ort aufgefordert, die gesamte Garnison Bakus für die Wiederherstellung von Ruhe und Ordnung zum Einsatz zu bringen. Der Militärchef widersetzte sich der Forderung in provozierender Weise.[93] Das Verhältnis zwischen diesen beiden Männern war fortan zerrüttet, die Kommunikation für Wochen unterbrochen. Damit war die Handlungsfähigkeit der staatlichen Stellen schwer beeinträchtigt.[94] Zudem stand ein verlässlicher Polizeiapparat, dem neben Russen auch Armenier und Aserbaidschaner angehörten, nicht zur Verfügung. Die Amtshierarchie war brüchig, Anweisungen „von oben" wurden häufig nicht befolgt. Die Beamten waren hochgradig korrupt, nicht selten standen sie mit Kriminellen vor allem aus dem muslimischen Milieu im Bunde.[95]

Schließlich darf man auch nicht außer Betracht lassen, dass erst einen Monat vor den Ereignissen in Baku Hunderte von Menschen, Teilnehmer einer Massendemonstration, durch Schüsse der zaristischen Truppen vor dem Winterpalais in St. Petersburg zu Tode gekommen waren. Bei aller Unvergleichbarkeit der Vorgänge konnte der Staatsmacht nicht daran gelegen sein, sich wenige Wochen nach dem „Blutsonntag" erneut nur durch den Einsatz der bewaffneten Macht zum Herrn der Lage zu machen – mit unkalkulierbaren Folgen. Der Schießbefehl in St. Petersburg war ein Eingeständnis der Hilflosigkeit,[96] nichts anderes wäre er in Baku gewesen.

Mit der Ernennung von *Woroncow-Daschkow* zum Vizekönig des Kaukasus im Mai 1905 änderte sich die amtliche Haltung. Der neue Statthalter des Zaren brachte im Gegensatz zu seinem Vorgänger den Armeniern viel

---

[92] Vgl. Wiese, ebenda; Tadeusz Swietochowski spricht von „auffälliger Inaktivität" [conspicuously inactive] von Polizei und Armee (Russian Azerbaijan, 1905-1920, S. 41).
[93] Der Militärchef weigerte sich mit der Begründung, es müsse auch an die Erholung und Verpflegung der Soldaten gedacht werden. Die Drohung mit Sanktionen ließ ihn nicht von seiner Haltung abweichen (vgl. Wiese, a. a. O., S. 131).
[94] Die Behauptung, wie sie etwa von Jörg Baberowski (a. a. O., S. 78) und Erich Feigl (Seidenstrasse durchs Feuerland, S. 75) aufgestellt wurden, der Gouverneur habe der Gewalt tatenlos zugesehen, kann vor diesem Hintergrund keinen Bestand haben.
[95] Vgl. Wiese, a. a. O., S. 133f.
[96] Vgl. Stökl, Günther: Russische Geschichte, S. 596.

Sympathie und Wohlwollen entgegen. Im selben Monat noch erhielten die russischen Truppen Befehl, auf die Muslime zu schießen.[97]

Die ethnischen Konflikte zwischen Armeniern und Muslimen 1905 in der Metropole Baku griffen auf das ganze Land über. Heftige Zusammenstöße erlebten die Städte Elizawetpol' und Schuscha. Die Gewalt beschränkte sich aber nicht auf die Städte, sondern tobte auch in den Dörfern. Im folgenden Jahr setzten sich die interethnischen Feindseligkeiten in Aserbaidschan weiter fort, ließen dann aber in ihrer Intensität nach. Die Staatsmacht ging 1906 in den Gouvernements Baku und Elizawetpol' mit militärischen Mitteln vor, um Sicherheit und Ordnung wieder herzustellen. Das Kriegsrecht wurde verhängt und in den Städten Baku und Elizawetpol' die Standgerichtsbarkeit eingeführt. Die Befehlshaber ließen rigoros durchgreifen gegen alle, die sie als Unruhestifter ansahen. Sie scheuten auch nicht davor zurück, ganze Dörfer niederbrennen zu lassen, die sie als Hort der Gesetzlosigkeit betrachteten.[98] Am Ende kam es noch zur Verhaftung von Hunderten, die man der Rädelsführerschaft bei den armenisch-muslimischen Auseinandersetzungen bezichtigte.[99] Andere entzogen sich diesem Schicksal durch die Flucht ins Ausland.[100]

Über zahlreiche Städte und Dörfer war eine Orgie von Plünderung, Zerstörung und Mord hinweggefegt. Verlässliche Angaben über die Zahl der Opfer des „Krieges" im ganzen Land liegen nicht vor. Es gibt lediglich Schätzungen und Vermutungen. *Villari* kommt im Höchstfalle auf knapp 2.000 Tote und Verwundete, wobei sich seine Zahlen nur auf einige Konfliktherde im Jahr 1905 beziehen.[101] *Swietochowski* spricht von 3.100 bis 10.000 Toten.[102] Diese Aussage macht die Hilflosigkeit des Wissenschaftlers evident, der nach verifizierbaren Angaben sucht. Vor diesem Hintergrund kann es sich auch nur um eine Annahme handeln, wenn gesagt wird, dass die größeren Verluste auf Seiten der Muslime zu beklagen waren.[103]

Auf die interethnischen Beziehungen zwischen den Armeniern und den selbstbewusster gewordenen Aserbaidschanern hatten die Ereignisse des

---

[97] Vgl. Swietochowski, a. a. O., S. 42.
[98] Vgl. Baberowski, a. a. O., S. 80.
[99] Vgl. Nach Tessa Hofmann wurden Hunderte von Armeniern als Aufrührer verhaftet, Zahlen über Verhaftete auf Seiten der Muslime nennt sie nicht. Von den Armeniern sei nur ein kleiner Teil tatsächlich verurteilt worden (a. a. O., S. 79).
[100] Vgl. Baberowski, ebenda.
[101] Villari, a. a. O., S. 13f.
[102] Swietochowski, a. a. O., S. 41.
[103] Vgl. Swietochowski, ebenda.

armenisch-muslimischen „Krieges" fatale Auswirkungen. Gefühle von Misstrauen und Feindseligkeit, die das Verhältnis zwischen beiden Völkern bis heute belasten, nahmen in den blutigen Konflikten dieser Zeit ihren Anfang.

Eine Folge des armenisch-aserbaidschanischen „Krieges" war auch die Tatsache, dass im urbanen Milieu des Landes zum ersten Mal eine Solidarität unter den Aserbaidschanern über lokale und gemeinschaftliche Loyalitäten hinaus entstand[104] und sich ein Bewusstsein ethnisch-nationaler Identität entfaltete,[105] das neben das Selbstverständnis als Muslim trat.[106] Unterstützung fand diese Entwicklung noch durch die Umbrüche jener Zeit im Russischen Reich. Auf dem Dorf dagegen lebte das lokale Selbstverständnis fort mit seinen hergebrachten sozialen Mustern.[107]

Panturkismus und Panislamismus lauteten die Parolen der Zeit in den politischen Zirkeln der Aserbaidschaner, entsprechende Artikel erschienen in ihrer Presse auch aus der Feder namhafter Persönlichkeiten.[108] Bezeichnend war die neue Praxis, die Leserschaft nicht mehr nur als Muslime, sondern auch als kaukasische Türken oder einfach als Türken anzusprechen.[109] Die Reichweite der medialen Botschaften wurde jedoch gebremst durch den verbreiteten Analphabetismus und die allgegenwärtige zaristische Repression. Die nationale Bewegung Aserbaidschans stand hinter den Forderungen des Ersten Allrussischen Kongresses der Muslime vom August 1905, auf dem sie prominent vertreten war. Dessen weitreichendes Programm der nationalen Emanzipation und Demokratisierung[110] hatte jedoch unter den politischen Verhältnissen in der späten Phase der zaristischen Herrschaft keine Chance auf Verwirklichung.

---

[104] Vgl. Swietochowski, a. a. O., S. 42.
[105] Vgl. Fenz, Hendrik: Vom Völkerfrühling bis zur Oktoberrevolution 1917, S. 69. Nationales aserbaidschanisches Gedankengut, getragen von einer kleinen intellektuellen Elite mit sekulärer Einstellung, war schon im Laufe des 19. Jahrhunderts in die Öffentlichkeit getragen worden (vgl. Fenz, a.a.O., S. 50).
[106] Vgl. Fenz, a.a.O., S. 60.
[107] Vgl. Baberowski, a.a.O., S. 82f.
[108] Vgl. Fenz, a. a. O., S. 83.
[109] Vgl. Swietochowski, a. a. O., S. 57.
[110] Der Kongress, der geheim tagen musste, verlangte unter anderem: Errichtung einer konstitutionellen Demokratie in Russland, bei proportionaler Beteiligung der Nationalitäten; rechtliche Gleichstellung der Muslime mit der russischen Bevölkerung; Recht auf freie Ausübung der Religion und Förderung der muslimischen Kulturen und Sprachen; Schaffung von Regionalparlamenten (vgl. Fenz, a. a. O., S. 74). Eine Forderung nach staatlicher Autonomie, wie sie später von der nationalen Bewegung Aserbaidschans vertreten worden ist, wurde nicht erhoben.

2.2 Die blutigen Zusammenstöße des Jahres 1918

Das Jahr 1918 sollte an vielen Orten Aserbaidschans und insbesondere in Baku abermals von schweren Konflikten überschattet sein, auch sie haben bis heute einen festen Platz im historischen Bewusstsein des Landes. Es hatte seine Gründe, dass die multinationale Metropole in den Mittelpunkt von Auseinandersetzungen zwischen Bolschewiken und armenischen Daschnaken auf der einen und der muslimischen Musawat-Partei auf der anderen Seite rückte. Die Stadt bildete den wirtschaftlichen Mittelpunkt des gesamten Transkaukasus. Das Erdöl hatte einen zentralen Stellenwert für die damalige Industrie und das Transportwesen Russlands und war überdies von internationaler Bedeutung.[111] Die Verfügungsgewalt über die Ölfelder und Industrieanlagen am Kaspischen Meer war das Ziel aller, die um Macht und Einfluss in Aserbaidschan konkurrierten. Baku war außerdem ein Zentrum der von der Musawat geführten nationalen Bewegung Aserbaidschans, an deren Ausschaltung Bolschewiken wie Daschnaken gleichermaßen ein Interesse hatten. Die Bolschewiken waren die führende politische Kraft in Baku, dort hatten sie im November 1917 die Sowjetmacht ausgerufen. Für sie hatte die Stadt die Bedeutung eines „Brückenkopfes", von dem aus ihre Macht auf ganz Transkaukasien ausgedehnt werden sollte.

2.2.1 Spektrum der politischen Kräfte in Baku

In der Metropole war nach dem raschen Ende der alten Ordnung eine Reihe von konkurrierenden Parteien politisch aktiv. Herausragende Bedeutung hatten seinerzeit die muslimische Musawat-Partei, die armenische Daschnakcutjun-Partei (Daschnaken) und die regionale Organisation der Russischen Kommunistischen Partei (Bolschewiken). Andere Parteien und Gruppierungen blieben diesen gegenüber nachrangige Akteure. Auch die Position der muslimischen Himmät-Partei war zu dieser Zeit schwach, ihr linker Flügel sollte erst später eine herausragende Rolle spielen.[112] Die Men-

---

[111] Um das Jahr 1900 entfiel auf die Region Baku mit der vorgelagerten Abscheron-Halbinsel rund die Hälfte der weltweiten Erdölproduktion.

[112] Die im Jahre 1904 gegründete Himmät war eine muslimische Partei mit sozialdemokratischer Orientierung. Sie hatte zunächst erheblichen Zulauf und war bei der Entwicklung einer nationalen Identität der Aserbaidschaner eine führende Kraft, verlor aber bald ihre Anhängerschaft wieder unter dem politischen Druck der russischen Behörden. Erst im März 1917 lebte die Himmät wieder auf, konnte jedoch in der Konkurrenz zu den Musawatisten an ihre frühere Stärke nicht mehr anknüpfen. Sie lehnte den Gedanken einer territorialen Autonomie Aserbaidschans ab. Nach wenigen Monaten

schewiken waren in Georgien die führende politische Kraft, in Baku jedoch eine Minderheit.

Musawat-Partei

Die im Jahre 1911 gegründete, zunächst nur im Untergrund agierende Partei Musawat trat nach dem Ende der Zarenherrschaft an die Öffentlichkeit. Sie entwickelte sich schnell zur führenden politischen Kraft der nationalen Bewegung der Muslime Aserbaidschans. In ihrem Programm vertrat sie sozialdemokratisch-reformerische Positionen und bekannte sich zum sekulären Türkentum. Im Revolutionsjahr 1917 rückte ihre Forderung nach nationaler aserbaidschanischer Autonomie im Rahmen einer Föderation mit einem erneuerten Russland und anderen Republiken in den Vordergrund.[113] Auf dem Allrussischen Kongress der Muslime im April stellte der Vorsitzende der Partei, *Mammad Amin Rasulzade*, sein Konzept einer Umgestaltung Russlands zu einem föderativen und demokratischen Staat vor, in dessen Grenzen Aserbaidschan national-territoriale Eigenständigkeit erhalten sollte.[114] Seine Vorstellung von Nation basierte auf der Gemeinsamkeit von Sprache und Geschichte sowie von Brauchtum und Tradition.[115] Im November 1917 beschloss dann der Kongress der muslimischen Nationalräte Transkaukasiens, eine Versammlung einzuberufen, die sich konkret mit der Frage einer nationalen Selbständigkeit innerhalb einer Rußländischen Föderation befassen sollte.[116] Man sah sich damit in Einklang mit der erklärten Haltung der neuen Machthaber in Russland; schließlich hatten sich die kommunistischen Revolutionäre das Selbstbestimmungsrecht der Völker auf die Fahnen geschrieben. Die Bolschewiken in Baku sollten sehr bald unter Beweis stellen, dass

---

kam es zum Bruch unter den Himmätisten, es entstand eine menschewistische und eine bolschewistische Fraktion, letztere geführt von Nariman Narimanov. Der linke Flügel ging mit der Gründung der Kommunistischen Partei Aserbaidschans im Februar 1920 in dieser auf und hatte Teil an der politischen Führung des Landes nach der Sowjetisierung Aserbaidschans Ende April 1920. Die Himmät-Partei spielte sowohl im Frühjahr 1918 in Baku als auch zur Zeit der Selbständigkeit Aserbaidschans nur eine marginale Rolle (vgl. Fenz, Hendrik: Vom Völkerfrühling bis zur Oktoberrevolution 1917, S. 67ff., 126; Swietochowski, Tadeusz / Collins, Brian C.: Historical Dictionary of Azerbaijan, S. 60f.).

[113] Vgl. Fenz, Hendrik: Zwischen Fremdherrschaft und Rückständigkeit, S. 48f.; Swietochowski / Collins, a. a. O., S. 82f.
[114] Kaspij, 19. April 1917.
[115] Vgl. Swietochowski, Tadeusz: Russian Azerbaijan,1905-1920, S. 91f.
[116] Kaspij, 28. November 1917.

sie diese Position preisgeben, sobald ihre machtpolitischen Interessen es erforderlich erscheinen lassen.

Daschnakcutjun-Partei (Daschnaken)

Auf armenischer Seite war die *Daschnakcutjun* führend, eine im Jahre 1890 gegründete, im Selbstverständnis sozialistische, tatsächlich aber vor allem nationalistische Partei. Sie bildete die Sperrspitze der armenischen nationalen Bewegung. Die Partei forderte ursprünglich eher Autonomie und Reformen für die Armenier im Osmanischen Reich. Später ging sie darüber hinaus und wurde zum Organisator eines unabhängigen armenischen Staates. Insoweit war ihr politischer Weg dem der Musawat vergleichbar. Die Daschnakcutjun verstand sich aber auch als revolutionäre Organisation, aus den Reihen ihrer Mitglieder wurden terroristische Anschläge verübt.

Im Gegensatz zu den Musawatisten unterstützte die Daschnakcutjun den beharrlichen Willen der nach der Februarrevolution 1917 an die Macht gekommenen Provisorischen Regierung in St. Petersburg, den Krieg bis zu einem erfolgreichen Ende fortzusetzen.[117] Unmittelbar nach den Februarereignissen starteten die Daschnaken unter dem Banner der „Befreiung der armenischen Brüder" eine Kampagne für die Fortsetzung des Krieges gegen das Osmanische Reich und warben für eine Verstärkung des militärischen Beitrags der Armenier. Mit ihrem Engagement konnten sie sich der Sympathie der Provisorischen Regierung und der sie stützenden gesellschaftlichen Kräfte Russlands sicher sein.[118] Die Armenier setzten ihre Hoffnungen auf einen militärischen Sieg über die Osmanen, um ihre territorialen Ansprüche für einen zukünftigen armenischen Staat gegenüber dem anatolischen Nachbarn durchsetzen zu können. *Kazemzadeh* stellt in diesem Zusammenhang fest, dass in dieser Zeit die Niederlage der Hohen Pforte zur fixen Idee, fast zur Manie der Armenier wurde.[119]

Der Sturz der Regierung *Kerenskij* durch die Oktoberrevolution und die Machtübernahme der Bolschewiken veränderten die Situation. Deren Formel

---

[117] Die Musawat trat für eine sofortige Beendigung des Krieges und Friedensverträge ohne Gebietsabtretungen und Entschädigungen ein (vgl. Kaspij, 21. April 1917).

[118] Die russischen Apologeten des Kriegskurses im Transkaukasus begannen ihrerseits im Frühjahr 1917 eine Kampagne gegen die aserbaidschanische nationale Bewegung, in der sie dieser Abspaltungsbestrebungen und Nationalismus sowie Verletzung der staatlichen Interessen Russlands vorwarfen (vgl. Ratgauzer, Jakow A.: Revoljucija i graždanskaja vojna v Baku. 1917-1918 [Revolution und Bürgerkrieg in Baku. 1917-1918], S. 71.

[119] Kazemzadeh, Firuz.: The Struggle for Transcaucasia, S. 43.

vom „sofortigen Frieden ohne Annexionen und Kontributionen" ließ den Daschnaken keinen Raum mehr für ihre Kriegspropaganda und ihre weitreichenden Gebietsansprüche gegenüber dem Osmanischen Reich. Sie waren zur Korrektur ihrer strategischen Positionen gezwungen; Gebietsansprüche zugunsten des angestrebten armenischen Staates schienen unter den neuen politischen Verhältnissen nur noch zu Lasten der Nachbarn im Transkaukasus möglich. Entsprechende Forderungen an Aserbaidschan und Georgien mussten notwendigerweise Spannungen erzeugen und führten schließlich zu gewaltsamen Auseinandersetzungen.

Bolschewiken

Die Bolschewiken im Transkaukasus standen wie ihre russischen Genossen auf dem Boden der marxistischen Lehre, die Basis ihrer politischen Strategie war. Der Klassenkampf, der Kampf des internationalen Proletariats für seine Befreiung von Ausbeutung und Unterdrückung, war für sie die entscheidende Triebkraft der gesellschaftlichen Entwicklung. Ihre unumstrittene Führungspersönlichkeit in Baku war der Armenier *Stepan G. Schaumjan*. Er war der Vorkämpfer für die sozialistische Revolution am Ort und der politische Gewährsmann *Lenins*, der ihn zum Sonderkommissar für den Kaukasus machte. Nicht zuletzt war *Schaumjan* der Kontaktmann zur Daschnakcutjun, die er als Unterstützung für seine politischen Ziele in der Stadt benötigen sollte.[120]

Formal hatten die Bolschewiken keine Einwände gegen eine Autonomie Aserbaidschans. Vielmehr unterstrich *Schaumjan* in seinen Reden und publizistischen Beiträgen mehrfach, dass die Sowjetmacht zum Recht auf nationale Selbstbestimmung stehe. Unter den bestehenden Bedingungen waren die Bolschewiken jedoch nicht bereit, dieses Recht anzuerkennen. Ihnen war klar, dass die Ausrufung der Autonomie „inmitten der aserbaidschanischen Türken" die Übergabe der Macht in Baku an die Musawatisten bedeutet hätte,[121] deren Programm aus ihrer Sicht nur ein konterrevolutionäres Vorhaben darstellen konnte. Eine nationale aserbaidschanische Autonomie unter der Führung des „Klassenfeindes" war daher für die Bolschewiken am Ort schlicht nicht verhandelbar. Das konfrontative Verhältnis beider Seiten zueinander hatte sich erst wieder Ende des Jahres 1917 manifestiert, als die Musawatisten in Dagestan ausgebrochene Unruhen unterstützten, die gegen

---

[120] Vgl. Swietochowski / Collins, a. a. O., S. 116f.
[121] Vgl. Ratgauzer, Jakow A.: Revoljucija i graždanskaja vojna v Baku. 1917-1918 [Revolution und Bürgerkrieg in Baku. 1917-1918], S. 140.

die Bolschewiken gerichtet waren.[122] Andererseits sollten Zugeständnisse aus machttaktischen Gründen nicht ausgeschlossen sein. So telegraphierte das Zentralkomitee der russischen Kommunisten Mitte März an die Genossen in Baku, dem muslimischen Verlangen nach Autonomie entgegenzukommen.[123] Der Appell fiel jedoch auf taube Ohren. Wenige Tage später übermittelte *Lenin* den Rat an *Schaumjan*, jede Chance zur Machtübernahme in der Stadt zu nutzen.[124]

2.2.2 Bündnis von Bolschewiken und Daschnaken

Ausgangspunkt für den sich anbahnenden Konflikt in Baku im März 1918 war der Antagonismus zwischen den Bolschewiken auf der einen und den Musawatisten auf der anderen Seite. Die Auseinandersetzungen in der Stadt zwischen beiden Parteien hatten im Herbst 1917 begonnen, nachdem die Musawat bei den Wahlen zum Sowjet im Oktober einen großen Erfolg errungen hatte, der ihr nur durch eine manipulierte Neuwahl zwei Monate später wieder genommen werden konnte.[125] Die Bolschewiken waren auf diese Weise in Baku an die Macht gekommen. Ihnen muss es ein Dorn im Auge gewesen sein, dass die Musawat gerade bei muslimischen Arbeitern und Bauern so viel Zuspruch gefunden hatte. Der nun von *Schaumjan* und seinen Genossen dominierte Sowjet der Arbeiter und Soldaten repräsentierte die Interessen von russischen und armenischen Werktätigen, aber nicht der Masse der muslimischen Arbeiter. Die Bolschewiken konnten sich keinen Illusionen hingeben über die politische Stärke des Gegners,[126] der überdies bemüht war, sich wehrhaft zu machen.

In diesem Kontext ist darauf hinzuweisen, dass es nach dem Zusammenbruch des zaristischen Russland Mitte des Jahres 1917 an der Kaukasusfront zu Zerfallserscheinungen in der Russischen Armee gekommen war, deren Auflösung nach der Oktoberrevolution nicht mehr aufzuhalten war. Aus den multiethnischen Militäreinheiten, die nun ohne Führung waren, gingen verschiedene Formationen hervor, zu ihnen gehörten Verbände der Roten Armee und ebenso nationale Regimenter der Armenier und der Georgier. Sie übernahmen in beachtlichem Umfang Waffen und Munition, die an

---

[122] Vgl. Fenz, a. a. O., S. 131.
[123] Vgl. Ratgauzer, ebenda.
[124] Vgl. Baberowski, a.a.O., S. 133.
[125] Vgl. Baberowski, a. a. O., S. 115.
[126] Vgl. Šaumjan, S. G.: Izbrannyje proizwedenija w dwuch tomax, tom 2 [Ausgewählte Werke in zwei Bänden, Band 2], S. 291.

der kaukasischen Front zurückgelassen worden waren. Zudem konnten sie sich in den Waffendepots der südkaukasischen Garnisonsstädte bedienen und so ihre Ausrüstung komplettieren. Die Soldaten gerieten vielfach unter den Einfluss nationalistischer Offiziere, die – so schreibt *Baberowski* – „das Militär zur Durchsetzung territorialer Ansprüche und ethnischer Sonderrechte einzusetzen gedachten."[127] In Baku standen die armenischen Regimenter unter der politischen Führung der Daschnakcutjun.

Während man den christlichen Völkern Transkaukasiens die Bildung nationaler Militäreinheiten ermöglichte, blieben den Aserbaidschanern eigene bewaffnete Einheiten mit ausgebildeten Offizieren und Mannschaften versagt. Diese wurden ihnen grundsätzlich nicht zugestanden; allzu sehr haftete ihnen der Verdacht an, den Osmanen verbunden und anfällig für pantürkische Ideen zu sein. Von der Wehrpflicht waren sie befreit, weil ihnen die zaristische Obrigkeit misstraute. Diese Politik wurde von der Provisorischen Regierung in St. Petersburg fortgesetzt. Die Situation veränderte sich auch nach dem Umsturz im Oktober 1917 nicht grundsätzlich. Vorbehalte und auch offene Gegenmaßnahmen transkaukasischer Stellen standen einer Bewaffnung der Aserbaidschaner weiterhin im Wege. Um nicht schutzlos ihren potenziellen Gegnern ausgeliefert zu sein, versorgten sich die Muslime durch gewaltsame Aktionen selbst mit den Waffen, die ihnen von den Behörden verwehrt wurden. Mit Überfällen auf Militärzüge an der Bahnlinie Tiflis-Baku machten sie reichlich Beute. Zur Seite standen ihnen die verbliebenen Soldaten der sogenannten „Wilden Division". Dennoch sind die Muslime den militärischen Verbänden von Bolschewiken und Daschnaken gegenüber unterlegen geblieben.

Die Bolschewiken in Baku verfügten Anfang 1918 nicht über so starke militärische Kräfte, dass sie es wagen konnten, auf sich allein gestützt mit den bewaffneten Muslimen in der Stadt „abzurechnen". Sie benötigten mehr Soldaten und mussten ihre militärische Ausrüstung verbessern. Die eigenen Finanzmittel waren dafür offenbar zu knapp bemessen. Jedenfalls bat *Schaumjan* noch Mitte März 1918 in einem Brief an *Stalin* darum, 10 Millionen Rubel für den Bedarf des militärischen Revolutionskomitees bereitzustellen.[128] Am Ende war den Bolschewiken trotz aller Anstrengungen das

---

[127] Baberowski, a. a. O., S. 125.
[128] Institut Istorii Partii pri CK KP Azerbajdžana (Hrsg.): Bol'ševiki v bor'be za pobedu socialističeskoj revoljucii v Azerbajdžane. Dokumenty i materialy. 1917-1918 gg. [Bolschewiken im Kampf für den Sieg der sozialistischen Revolution in Aserbaidschan. Dokumente und Materialien. 1917-1918], S. 318.

Risiko des Scheiterns zu groß. Für einen Erfolg brauchten sie kampfstarke Unterstützung durch einen Verbündeten. Aus vornehmlich machtstrategischem Kalkül war *Schaumjan* bereit, die „armenische Karte" zu ziehen und eine Allianz mit der Daschnakcutjun einzugehen. Die armenischen Truppen in Baku, die gestern noch in den Reihen der zaristischen Armee gekämpft hatten, ließen sich bereitwillig auf das Bündnis mit den Bolschewiken ein.

Die Allianz der Waffen zwischen Bolschewiken und Daschnaken war nicht nur von dem politischen Ziel getragen, gemeinsam die Musawat und ihre Gefolgschaft in Baku auszuschalten. Vor allem in den Reihen der Daschnaken standen Männer, die mit Gefühlen von Hass und Feindseligkeit gegenüber allem Türkischen die Auseinandersetzung suchten. Der armenische Kommandant *Amazasp* gehörte zu denen, die daran keinen Zweifel ließen. Als „Held des armenischen Volkes und Verteidiger seiner Interessen", hinterließ er in diesen Frühlingstagen des Jahres 1918 eine Spur der Gewalt im Land, wobei es ihm erklärtermaßen nicht um die Errichtung der Sowjetmacht, sondern um Rache für seine getöteten Landsleute ging.[129] Der Rachefeldzug, der sich zuvor in der Etappe der anatolischen Berge gegen die muslimische Bevölkerung gerichtet hatte,[130] sollte nun gegenüber den „Bergtürken", den Aserbaidschanern seine Fortsetzung finden. Aber auch der gebürtige Armenier *Schaumjan*, der als Bolschewik nicht zu den armenischen Nationalisten gehörte, war – darauf weist *Baberowski* hin – nicht frei von Gefühlen der Abneigung gegenüber der muslimischen Bevölkerung. Er ließ sich in seinen politischen Entscheidungen „offensichtlich auch" von solchen Ressentiments leiten.[131]

Bei allem Interesse an einer militärischen Zusammenarbeit waren die Bolschewiken jedoch nicht bereit, ihrem Bündnispartner politisch entgegenzukommen. Deren nationale Anliegen konnten ebenso wenig wie die der Musawatisten Sache von *Schaumjan* und seiner Genossen sein. Die Allianz der beiden ungleichen Partner basierte allein auf der Gegnerschaft zu den Musawatisten. Die grundlegenden politischen Differenzen zwischen den

---

[129] Vgl. Bunijatow, Z. M. (Red.): Istorija Azerbajdžana po dokumentam i publikacijam [Geschichte Aserbaidschans in Dokumenten und Veröffentlichungen], S. 185; Baberowski, a. a. O., S. 141.
[130] Gewalt und Gegengewalt bestimmten das Verhältnis von Armeniern und Türken (auch) im Ersten Weltkrieg. Den schweren Exzessen an den Armeniern folgte die Rache an den Türken. So kann man es jedenfalls aus den Berichten von Carl Mühlmann vom russisch-türkischen Kriegsschauplatz aus dem Jahr 1917 schließen: „Armenische Banden plünderten hinter den russischen Linien und begingen große Grausamkeiten gegen die türkische Bevölkerung" (Das deutsch-türkische Waffenbündnis im Weltkriege, S. 134).
[131] Baberowski, a.a.O., S. 132.

Verbündeten wurden nur auf Zeit zurückgestellt. Die Bolschewiken standen allen nationalen Parteien im Transkaukasus ablehnend gegenüber, nur war die Musawat der stärkste politische Gegner in Baku und die größte Gefahr für den Bestand der Sowjetmacht in der Stadt. In einer Rede, die *Schaumjan* Ende Mai 1918 hielt, nannte er drei Parteien beim Namen, in denen sich die Nationalisten organisiert hätten. Die georgischen Nationalisten bei den Menschewiken, die armenischen in der Daschnakcutjun und die muslimischen in der Musawat-Partei. Alle drei Parteien „haben die Revolution im Transkaukasus zugrunde gerichtet."[132]

Auf der politischen Ebene gab es in diesen März-Tagen in Baku eine breite Koalition gegen die Musawatisten. Sie reichte von den Kadetten bis zu den Bolschewiken und von den Daschnaken bis zu den Sozialisten.[133] Über die notwendigen militärischen Kräfte verfügten allein Bolschewiken und Daschnaken, im Bündnis vereint konnten sie aus einer Position der Überlegenheit heraus gegen die Muslime vorgehen. Der Mitbegründer der Daschnakcutjun und erste Ministerpräsident des im Juli 1918 gegründeten armenischen Staates, *Hovhannes Katchaznouni*, hat sich später zur Bündnispolitik der Daschnaken in Baku mit der Bemerkung bekannt, dass im Interesse der armenischen Gemeinde der Stadt der bolschewistischen Diktatur derjenigen der Musawatisten der Vorzug zu geben gewesen sei. Er war gleichzeitig bemüht, die Daschnakcutjun und ihre militärischen Verbände in Baku in jenen Tagen als fremdbestimmte Partner der Kommunisten darzustellen. Die Armenier seien, so führt er aus, „in Baku zunehmend von der bolschewistischen Bewegung erfasst... und zu einer Art Stütze für diese" geworden. „So wie wir uns in Tiflis ungewollt in die Hegemonie der Menschewiken begeben hatten, standen wir in Baku unter dem Einfluss der Bolschewiken."[134]

2.2.3 Baku im Frühjahr: Kampf gegen die Muslime

Zu Anfang des Jahres 1918 saßen die Bolschewiken in Baku fest im Sattel der Macht, während sich ein großer Teil der Gouvernements Baku und Gandscha unter der politischen Kontrolle der Musawatisten befand. Die aserbaidschanische Provinz war zu dieser Zeit erneut Schauplatz heftiger bürgerkriegsähnlicher Zusammenstöße. Vielerorts waren die Menschen der

---

[132] Šaumjan, a. a. O., S. 259.
[133] Vgl. Kazemzadeh, a. a. O., S. 122.
[134] Katchaznouni, Hovhannes: Für die Dascnakzutyun gibt es nicht mehr zu tun, S. 52.

Gewalt schutzlos ausgeliefert, Tot und Verderben überzogen das Land. Bei den Auseinandersetzungen standen Aserbaidschaner auf der einen gegen Armenier und Russen auf der anderen Seite. Die Beweggründe für die exzessive Gewalt waren unterschiedlich. So überfielen muslimische Bauern russische Siedler, weil sie ihre traditionelle Viehwirtschaft durch die Wirtschaftsweise der Russen bedroht sahen, oder nahmen von der Front zurückgekehrte Soldaten Rache an der muslimischen Landbevölkerung für die Überfälle muslimischer Kämpfer auf Militärzüge.[135]

Mitte Februar 1918 war der Versuch der Kommunisten gescheitert, die Macht in Tiflis zu erringen. Die roten Bataillone verließen daraufhin Georgien und verstärkten die Garnison in Baku, wo die militärische Option immer mehr Gestalt annahm. Die Bolschewiken haben nie einen Hehl daraus gemacht, dass sie in der Auseinandersetzung mit ihren Gegnern den bewaffneten Kampf als geeignetes Mittel ansahen. „Unsere Politik ist der Bürgerkrieg und alle, die gegen diese Politik sind, sind Diener unserer Feinde", so formulierte es *Schaumjan*[136]. In Baku äußerte sich der stellvertretende Vorsitzende des Stadtsowjet, *Aleks Dschaparidze*, in gleicher Weise. Vom Podium herab sagte er, dass man den bewaffneten Kampf gegen die „konterrevolutionären Kräfte" führen werde.[137] Das Verlangen der Musawatisten nach nationaler Autonomie für Aserbaidschan war Grund genug, diesen wenige Tage später zu entfesseln.

Bereits gegen Ende des Jahres 1917 hatten sich die Gewaltakte gegenüber der muslimischen Bevölkerung in Baku gehäuft. Täter waren vor allem Soldaten der ehemaligen zaristischen Armee, Männer armenischer oder russischer Nationalität, die von der zusammengebrochenen Kaukasusfront kommend sich nun am Ort aufhielten. Ihre Zahl nahm in diesen Wochen rasch zu, und nicht alle zog es gleich weiter in die Heimat. Es handelte sich um das Strandgut des verlorenen Krieges, um eine weitgehend demoralisierte und undisziplinierte Soldateska.

Der Protest gegen die Übergriffe machte sich schließlich Mitte Dezember 1917 Luft mit einer öffentlichen Demonstration von Tausenden Muslimen im Zentrum der Stadt. Namhafte Persönlichkeiten forderten zudem vom Sowjet, den Aserbaidschanern die Bildung bewaffneter Einheiten für ihren Selbstschutz endlich zu gestatten, was jedoch strikt abgelehnt wurde. Denen blieb zur Selbstverteidigung weiterhin gar keine andere Möglichkeit, als sich

---

[135] Vgl. Baberowski, a. a. O., S. 128f.
[136] Šaumjan, a. a. O., S. 265.
[137] Vgl. Ratgauzer, a. a. O., S. 141f.

auf illegalen Wegen Waffen zu beschaffen. Die Lage verschärfte sich in Baku zu Beginn des Jahres 1918. Es gab weitere Proteste der aserbaidschanischen Bevölkerung, die ihren Unmut in verschiedenen Formen öffentlich zum Ausdruck brachte. Gerüchte kursierten in den Straßen. Eine unheilvolle Spannung breitete sich über Baku aus, die immer weiter zunahm. Die örtliche Zeitung „Kaspij" fasste die Atmosphäre in die Worte: „Die Pogromstimmung wächst mit jedem Tag, das Feuer rückt von überall heran."[138]

Es lässt sich trefflich über die Frage streiten, wer in dem Ende März 1918 beginnenden blutigen Konflikt in Baku den ersten Schuss abgegeben hat. Eine eindeutige Antwort darauf gibt es nicht,[139] sie ist auch nebensächlich. Gesichert ist, dass die Bolschewiken die militärische Auseinandersetzung im Bündnis mit den Daschnaken wollten, um ihren politischen Gegner, die Musawatisten, mit den Mitteln der Gewalt vernichtend zu schlagen. Es bedurfte nur einer passenden Gelegenheit dafür. Keiner hat das deutlicher zum Ausdruck gebracht als der führende Bolschewik und Vorsitzende des Stadtsowjet von Baku, *Stepan G. Schaumjan*, in einem Brief vom 13. April 1918 an den Rat der Volkskommissare in Moskau. Er äußert sich darin wenige Tage, nachdem ein von den Bolschewiken und Daschnaken entfachter Sturm der Gewalt über die muslimische Bevölkerung der Stadt hinweggezogen war, in schonungsloser Offenheit:

„Wir mussten ihnen eine Abfuhr erteilen, und wir haben die Gelegenheit genutzt, den ersten Versuch eines bewaffneten Angriffs auf unsere Kavallerieabteilung, und wir haben die Offensive an der ganzen Front eröffnet. Dank der Anstrengungen sowohl des örtlichen Sowjets als auch des hierher verlegten Militärrevolutionären Komitees der Kaukasusarmee (aus Tiflis und Sarykamysch) hatten wir schon bewaffnete Kräfte – ungefähr 6000 Mann.

Die Daschnakcutjun hatte auch ungefähr 3 – 4 Tausend in nationalen Verbänden, die uns zur Verfügung standen. Die Beteiligung Letzterer gab dem Bürgerkrieg teilweise den Charakter eines nationalen Gemetzels, aber das zu verhindern, bestand keine Möglichkeit. Wir sind absichtlich so vorgegangen. Die Armen unter den Muslimen litten schwer ..."[140]

---

[138] Zitiert nach Baberowski, a. a. O., S. 132.
[139] Man kann in diesem Fall nur der neutralen Formulierung von Jörg Baberowski folgen: „Auf der Schemachinskaja-Straße im Zentrum Bakus nahm das Verhängnis seinen Anfang. Es kam zu einem Schusswechsel zwischen demonstrierenden Muslimen und russischen Soldaten..." (a. a. O., S. 134).
[140] Šaumjan, a. a. O., S. 209. Die Aussage belegt die aggressiven Absichten der bolschewistischen Führung und sagt etwas über die Rolle der armenischen Verbände während der Ereignisse von Ende März bis Anfang April 1918 in Baku. Wegen der zentralen Bedeutung der Textpassage soll sie hier im Original wiedergegeben werden:

Während sich die Masse der bewaffneten Verbände der Musawat im nordwestlich gelegenen Gandscha befand,[141] auf die sie in Baku nicht zurückgreifen konnte, verfügte der Sowjet der Stadt nach den Angaben von *Schaumjan* über ein beträchtliches militärisches Potential. Nach seiner Aussage hatte der Gegner wenigstens die gleiche Anzahl an Kämpfern zur Verfügung.[142] *Bajkow*, ein russischer Zeitzeuge in Baku, nennt andere Zahlen. Er berichtet in seinen Erinnerungen, dass sich allein etwa 8000 armenische Soldaten in der Stadt versammelt hatten, zurückgekehrt von den Fronten des Weltkrieges, kampferprobt und mit ihren Waffen in den Händen.[143] Da die Eisenbahnverbindung zwischen Baku und Tiflis in jenen März-Tagen unterbrochen war, konnten sie nicht mit dem Zug weiterreisen. Außerdem standen einige Tausend gut ausgerüstete Kämpfer der Daschnakcutjun in der Stadt.[144] Bei aller Ungenauigkeit der Zahlen geben sie doch einen Hinweis auf die Dimension der Gewalt, die Baku und seinen aserbaidschanischen Bewohnern unmittelbar bevorstand.

Tatsächlich begann die Chronologie der Ereignisse nicht mit irgendeinem „Angriff auf unsere Kavallerieabteilung", wie es *Schaumjan* berichtete, sondern mit einem anderen Vorgang, der sich im Hafen von Baku abspielte.

„Мы должны были дать отпор, и мы воспользовались поводом, первой попыткой вооруженного нападения на наш конный отряд, и открыли наступление по всему фронту. Благодаря стараниям и местного Совета и перебравшегося сюда Военно-революционного комитета Кавказской армии (из Тифлиса и Сарыкамыша) у нас были уже вооруженные силы – около 6000 человек.
У ‚Дашнакцутюн' имелось также около 3-4 тысяч национальных частей, которые были в нашем распоряжении. Участие последних придало отчасти гражданской войне характер национальной резни, но избежать этого не было возможности. Мы шли сознательно на это. Мусульманская беднота сильно пострадала, …"

[141] Vgl. Baberowski, a. a. O., S. 133.
[142] Šaumjan, a. a. O., S. 208.
[143] Bajkow, B.: Wospominanija o rewoljucii w Zakawkaz'i (1917-1920 gg.) [Erinnerungen an die Revolution im Transkaukasus (1917-1920)], S. 114.
[144] Man kann davon ausgehen, dass sich die in Baku verfügbare armenische Streitmacht fast ausschließlich aus kampferprobten Soldaten rekrutierte.
Über die Stärke der armenischen Verbände insgesamt lassen sich keine wirklich verlässlichen Aussagen machen. Nach den Angaben von W. E. D. Allen und Paul Muratoff verfügte die armenische Nationalarmee am 01. Januar 1918 über eine Stärke von insgesamt bis zu 16.000 Mann Infanterie, 1.000 Mann Kavallerie und 4.000 Milizionären. Es bestand kein Mangel an guter Ausrüstung, wohl aber an ausgebildeten Artilleristen (Caucasian Battlefields, S. 458f.). Insbesondere in Hinblick auf die (hier so genannten) Milizionäre sind Zahlenangaben mit Vorbehalt zu betrachten. Nach Aussage von Carl Mühlmann sind im Zuge der allmählichen Auflösung der russischen Kaukasusfront 1917 russische Regimenter in wachsendem Umfang durch armenische Freischärler ersetzt worden (Das deutsch-türkische Waffenbündnis im Weltkriege, S. 134). Demnach wird die Zahl dieser Kämpfer deutlich höher gewesen sein.

Am Abend des 29. März 1918 war ein Schiff mit Soldaten einer aserbaidschanischen Einheit der „Wilden Division" dort angekommen. Die kleine Truppe musste nun dafür herhalten, den Konflikt mit den Muslimen der Stadt zu entfachen. Auf Anweisung der Führung des Bakuer Sowjet wurden die Männer an Bord ultimativ aufgefordert, alle ihre Waffen abzugeben. Bewaffnete unter dem Befehl des Sowjets umstellten das Schiff, so dass den muslimischen Soldaten gar keine andere Wahl blieb, als der Aufforderung schließlich nachzukommen. Das Vorgehen *Schaumjans* bedeutete nichts anderes als die Fortsetzung der bisherigen Politik, keine Waffen in muslimischer Hand zu dulden. Damit legte er den Finger auf die Wunde.

Die Vorgänge im Hafen hatten sich in Windeseile herumgesprochen und umgehend zu Reaktionen geführt. Tausende von Muslimen kamen am Morgen des 30. März auf den Straßen Bakus zusammen, um die Herausgabe der Waffen zu verlangen und gegen die offenkundige Ungleichbehandlung durch den Sowjet zu protestieren; Bolschewiken und Daschnaken waren in Besitz der Waffen, die ihnen vom Sowjet verwehrt wurden. Schließlich kam es zu Ausschreitungen. Die Musawat richtete noch einen Appell an die Protestierenden, ihren Emotionen nicht nachzugeben und Ruhe zu bewahren, der aber ohne Wirkung blieb.[145]

An diesem Morgen begab sich auch eine armenische Delegation unter Führung von *Anissa Ter-Babajan* und *Gajk Ter-Mikeljanc*, Mitglieder des armenischen Nationalkomitees, in den „Ismail"-Palast in Baku, wo zu diesem Zeitpunkt eine Versammlung der aserbaidschanischen gesellschaftlichen Organisationen stattfand. Die Armenier boten den Teilnehmern militärische Unterstützung an, sollten sich die Muslime gegen die Bolschewiken erheben wollen.[146] Die Versammlung hat eine Diskussion darüber noch nicht einmal in Betracht gezogen. Es handelte sich offensichtlich um das Angebot eines „Agent provocateur"; die Aserbaidschaner sollten dazu gebracht werden, den ersten Schuss abzufeuern, der dann als Legitimation für einen Gegenschlag dienen würde. Angesichts der zahlreichen Konflikte zwischen den beiden Volksgruppen war an eine Allianz zwischen ihnen gar nicht zu denken. Für die armenische Seite hat das kein Geringerer als der schon zitierte Politiker der Daschnakcutjun *Katchaznouni* mit der Bemerkung zum Ausdruck gebracht, dass „die bolschewistische Diktatur derjenigen von Musawat vorzuziehen" gewesen sei.[147]

---

[145] Vgl. Baberowski, a. a. O., S. 133.
[146] Vgl. Kazemzadeh, a. a. O., S. 71.
[147] Katchaznouni, a. a. O., S. 52.

Wohl um die Mittagsstunden des 30. März 1918 begannen in der Privatwohnung des bolschewistisch-orientierten Himmätisten *Nariman Narimanow* Gespräche zwischen dem Vorsitzenden der Musawat–Partei *Mammad Amin Rasulzade* und der Führung des Bakuer Sowjets. Dabei wurde eine vorläufige Vereinbarung über die Rückgabe der konfiszierten Waffen an die Angehörigen der „Wilden Division" erzielt.[148] Es war völlig klar, dass sich die zum bewaffneten Kampf gegen die „Konterrevolution" entschlossenen Bolschewiken niemals daran halten würden. Es handelte sich lediglich um ein Täuschungsmanöver, das den Zweck verfolgte, die Gegenseite im Glauben an ihre Bereitschaft zu friedlicher Konfliktlösung zu wiegen. Die Chance zur vollen Machtübernehme in Baku wollten sich die Bolschewiken nicht nehmen lassen.[149]

Zwischenzeitlich eskalierte die Situation in der Stadt. Das Zentrum wurde zum Kampfgebiet, Schüsse peitschten durch die Straßen. Die Rote Armee der Bakuer Bolschewiken und an ihrer Seite die armenischen Einheiten gingen zum Angriff über.[150] Die Truppen der beiden Verbündeten unterschieden sich in ihrer ethnischen Zusammensetzung nur wenig voneinander; die bolschewistischen Verbände bestanden ganz überwiegend, etwa zu 70% aus armenischen Frontsoldaten, die von daschnakischen Offizieren befehligt wurden.[151]

Die von der muslimischen Bevölkerung in aller Eile ausgehobenen Gräben und errichteten Barrikaden waren für die Angreifer kaum ein Hindernis. Das historische Stadtzentrum Itscherischeher wurde von einem Kampfverband gestürmt, der unter dem Befehl des armenischen Kommunisten *Anastas I. Mikojan* stand.[152] Bei der Offensive kamen auch schwere Waffen zum Einsatz; Flugzeuge warfen Bomben, und Kriegsschiffe feuerten vom Kaspischen Meer aus.[153] Die vergleichsweise wenigen und darüber hinaus auch noch schlecht bewaffneten Kampfgruppen der Aserbaidschaner und der „Wilden Division" konnten dem Überfall nicht ernsthaft standhalten. Das Kräfteverhältnis ließ der muslimischen Seite keine Chance, die militärische

---

[148] Vgl. Kazemzadeh, a. a. O., S. 70.

[149] Vgl. Baberowski, a. a. O., S. 133.

[150] Für die Leitung der militärischen Aktionen war ein „Komitee der Revolutionären Verteidigung" zuständig, das hochrangig besetzt war.

[151] Vgl. Baberowski, a. a. O., S. 138; Ratgauzer, a. a. O., S. 194.

[152] Mikojan, Anastas Iwanowitsch, hat später in der Sowjetunion Karriere in der Kommunistischen Partei gemacht. Er hatte unter Stalin und seinen Nachfolgern hohe Partei- und Staatsämter inne. Von 1964 bis 1965 war er Vorsitzender des Präsidiums des Obersten Sowjet und damit Staatsoberhaupt der Sowjetunion.

[153] Vgl. Baberowski, a. a. O., S. 134.

Niederlage abzuwenden. In dieser ausweglosen Lage blieb der Musawat gar keine andere Wahl als die Kapitulation. Bereits am Nachmittag des 01. April unterzeichneten sie und andere muslimische Organisationen die Kapitulationsurkunde. Sie enthielt folgende Bedingungen:

1. Offene und rückhaltlose Anerkennung des Sowjet als einzige Macht und absoluter Gehorsam gegenüber allen seinen Befehlen;
2. Rückzug der aserbaidschanischen „Wilden Division" aus dem Gebiet Baku;
3. Freigabe des Verkehrs auf der Eisenbahnstrecke Baku – Tiflis und Baku – Petrowsk.[154]

Schaumjan wusste seinen Genossen in Moskau zu berichten, dass in Baku im Verlauf von drei Tagen, vom 30. März bis zum 01. April, ein erbitterter Kampf stattgefunden habe.[155] Er unterschlägt dabei völlig die Vorgänge, die grauenvollen Exzesse, die sich nach der förmlichen Kapitulation in der Stadt abgespielt haben. Schon vor der Unterzeichnung, und zwar gleichzeitig mit der Bekanntgabe ihrer Kapitulationsbedingungen, hatte die militärische Führung der bolschewistisch-daschnakischen Allianz einen Appell veröffentlicht, der die Mitteilung enthielt, dass die Herrschaft des Sowjet durch die von der Musawat geführte Konterrevolution gefährdet würde. Die Bürgerschaft wurde aufgefordert, sich zu erheben und sich um den Sowjet zu scharen, bereit für den Kampf zur Verteidigung der Revolution. Die Musawatisten und ihre Gefolgschaft hätten bereits mit militärischen Aktionen gegen den Sowjet begonnen.[156]

Der Aufruf verfehlte seine Wirkung nicht. Die frisch unterzeichnete Kapitulationsurkunde wurde von den Siegern gleich wieder zerrissen. Der unter der Fahne des Kampfes gegen die Musawatisten geführte Angriff der Bolschewiken und Daschnaken ging in zielstrebige Gewalttaten an der aserbaidschanischen Zivilbevölkerung von Baku und in den umliegenden Ortschaften über. Die Zeitung „Azerbajdžan" kommentierte später das Geschehen mit der Feststellung, dass die Bolschewiken in diesen Tagen den Klassenkampf

---

[154] Vgl. Kazemzadeh, a. a. O., S. 72.
Die Bedingung der Ziffer 3 konnten die Mussawat oder andere muslimische Organisationen gar nicht erfüllen. Sie waren nicht in der Lage, das reibungslose Funktionieren der Eisenbahnstrecke Baku – Petrowsk sicherzustellen, da keiner von ihnen die Strecke in ihrer gesamten Länge kontrollierte.
[155] Vgl. Šaumjan, a. a. O., S. 208.
[156] Vgl. Kazemzadeh, ebenda.

beiseite gelassen und stattdessen eine Schlacht gegen die Aserbaidschaner als Nation entfesselt hätten.[157]

Der blanke Terror brach über die Menschen herein, als Rote Garden, eine erst wenige Wochen zuvor gebildete Miliz, armenische Soldaten und Rotarmisten marodierend durch die muslimischen Stadtviertel zogen. Der Bakuer Sowjet mit seiner bolschewistischen Führung war offensichtlich nicht zu den notwendigen Schritten bereit, um dem zügellosen Mob Einhalt zu gebieten, der schändend, plündernd und mordend von Straße zu Straße zog. Die weiße Fahne am Haus verschonte niemanden. In Panik fliehende Menschen wurden verfolgt und getötet. Öffentliche Gebäude, Stadtpalais vermögender muslimischer Kaufleute und Gebetshäuser fielen der Zerstörung anheim. Manche Straßenzüge verwandelten sich in ein Flammenmeer. Aserbaidschaner, die über entsprechendes Vermögen verfügten, hatten zuvor schon ihre Angehörigen in die Sommerhäuser nahe Baku geschickt, weil man sie dort in Sicherheit glaubte. In vielen Fällen war das ein Trugschluss, denn die Angreifer drangen auch zu ihnen vor.

Die Verbrechen an der Zivilbevölkerung erreichten unbeschreibliche Ausmaße. Im „Fantazija", einem bekannten Dampfbad in Baku, wurden Aserbaidschaner bei lebendigem Leibe in kochendes Wasser geworfen. Das berühmte „Malinowskij"-Theater in Baku hat man in ein Gefängnis verwandelt, wo Hunderte von Aserbaidschanern festgehalten wurden. Offiziell trat die Daschnakcutjun als Garantin für die Unversehrtheit der inhaftierten Muslime auf. Tatsächlich aber ging die armenische Soldateska ungezügelt gegen ihre Opfer vor. Willkürlich wurden Menschen erschossen, Wertsachen geraubt und Leichen geschändet.[158] Unter den russischen Soldaten gab es offenkundig welche, die das Vorgehen der armenischen Verbündeten mit Distanz, wenn nicht mit Abscheu betrachteten. Aber sie hatten keine Möglichkeit einzugreifen. Die Hilflosigkeit gegenüber den Gewalttaten kommt in der Aussage eines dieser Soldaten zum Ausdruck: „Wir waren nicht in der Lage, das zu beenden."[159]

Die Toten in den Straßen und zerstörten Häusern der Stadt konnten vielfach nicht sofort geborgen und beerdigt werden, wie es die Religion den Muslimen eigentlich vorschreibt, zu gefährlich war es für die Überlebenden. So blieb es nicht aus, dass sich durchdringender Leichengeruch in den be-

---

[157] Azerbajdžan, 08. Dezember 1918.
[158] Vgl. Baberowski, a.a.O., S. 135; Essad Bey, bei dem eine ausführlichere Schilderung der Exzesse zu finden ist (Öl und Blut im Orient, S. 88ff.).
[159] Vgl. Rustamowa-Togidi, S.: Ėtogo zabyt' nel'zja [Man darf das nicht vergessen], S. 5f.

troffenen Wohngebieten ausbreitete. Erst Tage nach dem Ende der Gewaltakte sind die letzten Leichen geborgen worden.

2.2.4 Nach der Tragödie

Jahrzehntelang sind die Ereignisse in Baku zum Monatswechsel März/April des Jahres 1918 von der sowjetischen Historiographie als eine „konterrevolutionäre Erhebung der Musawatisten gegen die Sowjetmacht" dargestellt worden.[160] Diese Behauptung entspricht nach den vorliegenden Erkenntnissen nicht den Tatsachen, das ist mit *Ratgauzer* selbst von einem sowjetischen Wissenschaftler anerkannt worden.[161] Sie kann schon deshalb nicht zutreffen, weil den Musawatisten und ihren Anhängern bewusst gewesen sein muss, dass ihnen die militärischen Mittel für einen erfolgversprechenden Aufstand in Baku fehlten. Der schnelle Erfolg der angreifenden Truppen des Sowjet konnte dann auch niemanden überraschen. Die muslimische Seite hatte es in Baku mit einem gut ausgerüsteten und kampferprobten Gegner zu tun, der militärisch weit überlegen war. In Anbetracht dieses Ungleichgewichts wäre es vielleicht eine Option gewesen, sich der Übermacht der Bolschewiken zu beugen und auf die Forderung nach Autonomie zu verzichten. Dazu zeigte sich die Musawat jedoch nicht bereit, folgt man dem Vorsitzenden der Partei *Rasulzade*, der es ablehnte, den „Kopf vor den Feinden unserer Freiheit zu beugen."[162]

Dem „Bürgerkrieg", den *Schaumjan* und seine Genossen vom Zaun gebrochen hatten, um die Musawatisten auszuschalten, blieb der politische Erfolg letztlich versagt. Es ist ihnen nicht gelungen, die muslimische Partei in Baku zu zerschlagen. Führende Musawatisten haben sich rechtzeitig dem Zugriff ihrer Feinde durch die Flucht entziehen können. Vielmehr gewann die Partei durch ihren Widerstand an Ansehen und politischen Rückhalt in der aserbaidschanischen Bevölkerung.

Verheerend war die Bilanz für die muslimische Einwohnerschaft der Stadt. Die machtpolitische Auseinandersetzung hatte in einem ethnischen Blutbad geendet und zu hohen Opfern vor allem unter der einfachen Bevölkerung geführt. Die Angaben über Opferzahlen sind sehr unterschiedlich. *Schaumjan* meldete „mehr als 3000 Tote auf beiden Seiten" und sprach von großartigen Ergebnissen für die Bolschewiken sowie von der vollständigen

---

[160] Vgl. Šaumjan, a. a. O., S. 401 (Anhang).
[161] Vgl. Ratgauzer, a. a. O., S. 145.
[162] Azerbajdžan, 06. Dezember 1919.

Vernichtung des Feindes.[163] In seinen Erinnerungen spricht *Bajkow* von 6.000 Toten und Verwundeten und beruft sich dabei auf Mitteilungen, die anfänglich von muslimischer Seite gemacht worden seien. Er selbst hielt diese Zahlen für übertrieben und verwies spätere Angaben, wonach 15 oder 20.000 Opfer und mehr zu beklagen gewesen seien, in das Reich der Phantasie.[164] Von 12.000 Toten unter den Muslimen weiß dagegen *Mende* zu berichten,[165] und *Bala* nennt die Zahl von 14.000 getöteten Aserbaidschanern.[166] *Essad Bey* schrieb gar in seinen Erinnerungen, dass 30.000 Muslime dem Morden zum Opfer gefallen seien.[167] Die großen Differenzen in den Angaben und die gerundeten Zahlen machen deutlich, dass es sich nur um grobe Schätzungen handeln kann. Es war unter den bestehenden Umständen unmöglich, sich einen genauen Überblick von den immateriellen und materiellen Schäden zu verschaffen, und die siegreichen Bolschewisten konnten obendrein nicht daran interessiert sein, die ganze Dimension von Tod und Vernichtung öffentlich werden zu lassen.

Bei den Angriffen wurden auch zahlreiche architektonisch wertvolle Bauwerke zerstört. Unter anderem hat man den „Ismail"-Palast in Brand gesetzt, von dem nur noch die Grundmauern übrig blieben. Der Palast war nicht nur ein architektonischer Juwel, sondern er spielte im gesellschaftlich-politischen Leben der Aserbaidschaner eine bedeutende Rolle. In der Umgebung von Baku ist unter anderem die „Teze-pir-Moschee" in Mitleidenschaft gezogen worden.[168] Ein blasphemisches Verbrechen stellte für die Muslime die mutwillige Vernichtung einer großen Zahl von Exemplaren des Korans dar, die bei der Zerstörung des Redaktionsgebäudes der Zeitung „Kaspij" in Baku verbrannten.

Nach ihrem zweifelhaften Sieg mit den Waffen war die bolschewistische Führung in Baku eilig bemüht, die Allianz mit den nationalistischen Daschnaken zu vertuschen. Die blutigen Ereignisse erhielten nun einen betont ideologischen Anstrich. Sie wurden als Klassenkampf der transkaukasischen Arbeiterklasse, vor allem des Bakuer Proletariats, gegen aserbaidscha-

---

[163] Šaumjan, ebenda.
[164] Bajkow, a. a. O., S. 122.
[165] Mende, Gerhard von: Der nationale Kampf der Russlandtürken. Ein Beitrag zur nationalen Frage in der Sovetunion, S. 143 (Fn. 2).
[166] Bala, Mirza: Soviet Nationality Policy in Azerbeidshan, in: Caucasian Review, 1957, Heft 4, S. 23.
[167] Essad-Bey: Öl und Blut im Orient, S. 90.
[168] Zahlreiche Dokumente über die Zerstörungen in Baku und anderen aserbaidschanischen Orten enthält die Sammlung von Rustamowa-Togidi, Solmaz Ali kyzy: 1918. Azerbajdžanskije pogromy w fotografijach i dokumentach [Aserbaidschan-Pogrome in Photographien und Dokumenten].

nische bürgerliche Kreise und Vertreter des niederen Adels dargestellt und gerechtfertigt.[169] *Schaumjan* wusste gar zu berichten, dass sich Muslime nach all dem Leid um die Bolschewiken scharen würden.[170] Diese Aussage gehört in das Reich der Propaganda.[171] Tatsächlich war die Autorität der Bolschewiken bei der leidgeprüften Bevölkerung erschüttert. Dazu gehörten auch die aserbaidschanischen Arbeiter. Sie hatten in ihrer großen Mehrheit zuvor schon der bolschewistischen Revolution distanziert gegenübergestanden, nach den blutigen Ereignissen wurden sie zu entschiedenen Gegnern der europäischen Idee des Sozialismus und ihrer Apologeten im Transkaukasus.[172]

Die großen Verbrechen an der muslimischen Zivilbevölkerung vor Augen meldete sich der armenische Erzbischof *Bagrat* in einem Schreiben an die US-Mission in Baku zu Wort. Darin gibt er zunächst seinen Klischees freien Lauf, wonach man den Aserbaidschanern, die Schüler der Türken und der Deutschen seien, nicht trauen könne. Der Kampf sei von der Musawat und dem Bakuer Sowjet geführt worden, während die Armenier neutral geblieben seien. Zwar hätten einige armenische Soldaten an den Kampfhandlungen teilgenommen, dabei habe es sich aber nur um einzelne Personen gehandelt, für die der Armenische Nationalrat keine Verantwortung übernehmen könne. Der Erzbischof sah die Schuld für das Geschehene allein bei der Musawat, die er als Handlanger der Türken bezeichnete.[173]

Distanzierende und selbst verurteilende Kommentare kamen aus dem Lager der aserbaidschanischen Linken. Sultan *Medschid Efendijew*, Gründungsmitglied der Himmät, stellte unumwunden fest, dass im Frühjahr 1918 die Daschnaken nicht nur die Musawatisten bekämpften, sondern die Muslime allgemein. Es sei im Laufe der Ereignisse eine Lage entstanden, so sagt

---

[169] Vgl. Gökay, Bülent: The Battle for Baku, S. 36.
[170] Vgl. Šaumjan, a. a. O., S. 209.
[171] Einen Versuch, die Ereignisse von Ende März bis Anfang April 1918 zu untersuchen, hat man nach der wenige Wochen später erfolgten Gründung der unabhängigen aserbaidschanischen Republik unternommen. Die Regierung beschloss im Juni 1918 die Einrichtung einer Sonderkommission, die mit dieser Aufgabe betraut wurde. Sie leistete viel Arbeit, um die Ereignisse möglichst vollständig zu erfassen. Auf Grundlage der von der Kommission gesammelten Materialien wurden mehrere Strafprozesse angestrengt. Das Ende der Republik mit der Besetzung Aserbaidschans durch die Rote Armee im April 1920 machte eine Fortsetzung der Kommissionsarbeit und der justiziellen Aufarbeitung der Geschehnisse unmöglich.
[172] Wenn Alexandre Bennigsen schreibt, dass Baku der einzige Ort auf der Welt war, wo sozialistische Ideen in ein Milieu von muslimischen Arbeitern eindringen konnten (The Muslims of European Russia and the Caucasus, S. 150), so galt das sicherlich – zumal nach den Gewaltexzessen – nur für einen kleinen Teil von ihnen.
[173] Vgl. Kazemzadeh, a. a. O., S. 73.

er weiter, in der die an der Spitze des Bakuer Sowjet stehenden Genossen „zu Gefangenen der Daschnaken wurden."[174] *Narimanow* versetzte das Ausmaß an Brutalität gegenüber der muslimischen Bevölkerung im ersten Moment in völlige Fassungslosigkeit. Sofort nach der März-Tragödie 1918 veröffentlichte er in der Zeitung „Gummet" einen Brief an *Schaumjan* und *Dschaparidze*, in dem er feststellte, dass diese Ereignisse die Sowjetmacht befleckt und in Verruf gebracht hätten. Er fügte warnend hinzu, dass der Bolschewismus keinen Bestand in Baku haben könne, wenn nicht dieser Fleck in möglichst naher Zukunft entfernt werden würde, und erinnerte die Bolschewiken daran, dass eine mit der Hilfe von Waffen erkämpfte Macht, die keine Unterstützung im Volk hat, nicht überleben würde.[175] Noch im Februar 1919 sah er das aserbaidschanische Proletariat vollkommen dazu berechtigt, sich nach den leidvollen Erfahrungen von der Sowjetmacht abzuwenden und Hilfe von der nationalen Bourguoisie und der Türkei zu erwarten.[176] Überzeugend war diese Haltung von *Narimanow* nicht, denn Anfang 1919 stand er schon fest im Lager der Bolschewiken.

Unter Führung *Schaumjans* haben die siegreichen Kommunisten Ende April 1918 die Bakuer Kommune ins Leben gerufen;[177] in der Stadt und ihrer unmittelbaren Umgebung sollte nunmehr die Diktatur des Proletariats herrschen. Zu ihren Verbündeten zählte der linke Flügel der muslimischen Himmät-Partei. Die Kommunarden brachten umgehend einige radikale Reformschritte auf den Weg, dazu gehörten die Enteignung von Banken, Reedereien, Fischereibetrieben und der Ölindustrie sowie die Einführung einer eigenen Währung. Bildungs- und Justizwesen wurden im Sinne ihrer Vorstellungen umgestaltet. Ihre politische Stellung war jedoch insgesamt schwach; im Stadtsowjet und erst recht in der Bevölkerung, namentlich in der muslimischen, fehlte ihnen die notwendige Unterstützung, die angesichts einer immer desolater werdenden Wirtschaftslage weiter sinken musste.

Eine militärische Offensive der Bolschewiken gegen die Stadt Gandscha (das frühere Elizawetpol') läutete das Ende der Kommune ein. Die „Armee des Islam", eine aus osmanischen Einheiten und Soldaten der „Wilden Division" bestehende Truppe, schlug die Rote Armee zurück und stand Ende Juli

---

[174] Žizn' nacional'nostej, 06. Juli 1919.
[175] Narimanow, Nariman.: Izbrannyje proizwedenija w trech tomach, tom 2 [Ausgewählte Werke in drei Bänden, Band 2], S. 122f.
[176] Narimanow, a. a. O., S. 189.
[177] Schaumjan und seine Genossen wählte diese Bezeichnung „Kommune" in bewusster Anlehnung an die Pariser Kommune von 1871, wenngleich die Voraussetzungen und historischen Zusammenhänge ganz andere waren.

vor den Toren Bakus. In dieser Situation wachsender Bedrohung entschloss man sich in Baku, britische Truppen zu Hilfe zu rufen,[178] die im persischen Enzeli am Kaspischen Meer stationiert waren. Am 26. Juli 1918 gab die Kommune auf. Die gewaltsam und mit hohen Opfern errungene Herrschaft in Baku hatten die Bolschewiken nicht lange genießen können, sie dauerte nicht einmal 100 Tage.[179] Es folgte die Zentralkaspische Diktatur als vorläufige Regierung. *Schaumjan* und weitere führende Kommunarden versuchten mit dem Schiff in das russische Astrachan zu fliehen, wo sie nie ankamen. Stattdessen landeten sie erzwungenermaßen im turkmenischen Krasnowodsk an. Die Gruppe wurde festgenommen und endete im September 1918 vor einem Erschießungskommando.[180]

2.2.5 Ausweitung der Exzesse: Schemacha und Kuba

Außer in Baku kam es zu dieser Zeit auch in anderen Gegenden des Landes zu Übergriffen gegen die muslimische Zivilbevölkerung, bei denen viele Tausend Menschen getötet oder vertrieben wurden. Zu den Gebieten, die besonders unter der Gewalt gelitten haben, gehörten die Bezirke Schemacha und Kuba. Der zeitliche Zusammenhang mit den Ereignissen in Baku lässt die Vermutung zu, dass es sich dabei um eine „konzertierte Aktion" handelte.

Am frühen Morgen des 30. März 1918 wurden die Bewohner der westlich von Baku gelegenen Stadt Schemacha durch Artilleriefeuer geweckt. Wenige Wochen zuvor schon hatte ein armenischer Militärverband den ganzen Kreis mit Tod und Verderben überzogen. Die aserbaidschanische Bevölkerung der Stadt verfügte nicht über die Waffen, um sich den massiven Angriffen erfolgreich entgegenstellen zu können. Am Abend des 30. März war ihr Widerstand faktisch gebrochen, die armenischen Verbände nahmen die Stadt ein. Mitte April kamen erneut armenische Soldaten in den Kreis. Dieses Mal wurde die Stadt vollständig zerstört. Die annähernd 30.000 Muslime, die dort bisher gewohnt hatten, wurden ermordet oder vertrieben.[181] Was sich an unmenschlichen Verbrechen und Grausamkeiten an der muslimischen Bevölkerung von Schemacha abgespielt hat, ist nur schwer zu fassen. *Baberowski* gibt eine Beschreibung der grauenvollen Vorgänge jener Tage:

---

[178] Vgl. Swietochowski/ Collins, a. a. O., S. 34.
[179] Vgl. Swietochowski/ Collins, a. a. O., S. 33f.
[180] Vgl. Baberowski, a. a. O., S. 148.
[181] Vgl. Baberowski, a. a. O., S. 139.

„Die alkoholisierte Soldateska des Daschnaken-Offiziers *Stepan Lalaev* erschlug Kinder und Greise, Frauen wurden vergewaltigt und von Balkonen gestoßen, Geschlechtsorgane abgeschnitten und Augen ausgestochen. Zahlreiche Frauen und Kinder flüchteten sich in die Moscheen der Stadt. Die Soldaten legten Feuer an den Gotteshäusern, die Schutzsuchenden verbrannten bei lebendigem Leib."[182] In Schemacha blieb nicht eine Moschee verschont – auch nicht die „Dschuma"-Moschee, die ein herausragendes Beispiel muslimischer Baukunst darstellte.

Um sich vor der rasenden Gewalt zu retten, hatte sich ein Teil der Stadtbewohner in den Dörfern der Umgebung versteckt. Die Pogrome weiteten sich jedoch auf diese aus, wobei die Täter von russischen Siedlern aus der Umgebung unterstützt wurden. Im ganzen Bezirk Schemacha sind im Zuge der Gewalttaten 58 aserbaidschanische Ortschaften zerstört und allein im März 1918 rund 7.000 Menschen getötet und andere vertrieben worden.[183]

Die Barbarei war das Werk von Soldaten, die unter dem Befehl eines Armeniers standen, dessen Familie aus Baku stammte. Sein Vater war seinerzeit Ölindustrieller und einer der reichsten Männer in der Stadt. Keine Entschuldigung, aber vielleicht ein Stück ganz persönlicher Erklärung für sein Verhalten in dieser Zeit mag sich aus der Tatsache ergeben, dass die Eltern *Lalajews* 1905 bei den armenisch-aserbaidschanischen Auseinandersetzungen in Baku umgekommen sind.[184]

Nach Baku und Schemacha ereilte Ende April 1918 die im Nordosten Aserbaidschans gelegene Stadt Kuba das gleiche Schicksal. Auf Initiative von *Schaumjan* hin wurde eine zweitausend Mann starke Einheit in den Bezirk abkommandiert, die aus armenischen Soldaten bestand. Die Truppe sollte in der Stadt die Sowjetmacht durchsetzen, deren Vertreter erst wenige Tage zuvor von Lesginen,[185] die in den umliegenden Bergdörfern lebten, aus dem Ort vertrieben worden waren.[186]

Das Verhalten ihres Befehlshabers ließ von Anfang an keinen Zweifel am Strafcharakter der militärischen Aktion aufkommen, ihm ging es nicht um die Durchsetzung irgendwelcher politischen Ziele. Auf dem Weg nach Kuba plünderten die Soldaten aserbaidschanische Dörfer, die Häuser wurden in Brand gesetzt und ihre Bewohner getötet, sofern sie nicht rechtzeitig flie-

---

[182] Baberowski, ebenda.
[183] Vgl. Baberowski, ebenda.
[184] Vgl. Wiese, a. a. O., S. 136.
[185] Die Lesginen sind eine muslimische ethnische Minderheit, die im Norden Aserbaidschans und im südlichen Dagestan beheimatet ist.
[186] Vgl. Baberowski, a. a. O., S. 140f.

hen konnten. Das Hissen weißer Fahnen und andere Gesten der Unterwerfung waren zwecklos. Honoratioren aus verschiedenen Ortschaften des Kreises, die den Soldaten mit Salz und Brot als Geste der Friedfertigkeit und des Willkommens entgegengegangen waren, wurden von diesen erschossen.

Am Morgen des 01. Mai 1918 umstellte die Truppe Kuba und nahm die Stadt unter Beschuss. Dies geschah, obwohl aus dem Ort keine Anzeichen von Widerstand kamen. Die Übernahme der Stadt, die gar keine Chance zum Widerstand hatte, endete schließlich in einem Massaker an der muslimischen Bevölkerung. Die Soldaten erschossen Männer, Frauen und Kinder auf der Straße, Menschen verbrannten bei lebendigem Leibe in ihren Häusern. Zahlreiche Gebäude wurden zerstört und Wertgegenstände geraubt.[187] Die Truppe nahm auch keine Rücksicht auf religiöse Gefühle, sie schändete Moscheen und verbrannte zahlreiche Exemplare des Koran.

Über die damaligen Pogrome an der Zivilbevölkerung liegen inzwischen ausführliche Untersuchungen vor, die jedoch angesichts der damaligen Umstände und des Zeitablaufs zu keinen genauen Feststellungen über die Zahl der Opfer kommen. Danach sind im Kreis (ujezd) Kuba unter Einschluss der Stadt Kuba damals zwischen 3.460 bis 4.260 Menschen getötet worden.[188] Die Statistik lässt bei aller Ungenauigkeit auch hier erahnen, welches Ausmaß an Gewalt in diesen Tagen über die Bevölkerung hereingebrochen war.

2.2.6 Baku im September: die Gegenoffensive

Britisches Militär war Mitte August 1918 in Baku eingetroffen und hatte sich schon nach wenigen Wochen angesichts einer unmittelbaren Bedrohung durch die „Armee des Islam" wieder zurückgezogen, die dann am 15. September gegen die Stadt vorrückte. Es handelte sich dabei um eine „bunte" Truppe, die im Kern aus osmanischen und aserbaidschanischen Soldaten bestand. Ihnen gegenüber standen die Reste der bolschewistischen Truppen und eine armenische Streitmacht, die Widerstand leisteten.[189] Es kam zu

---

[187] Vgl. Baberowski, a. a. O., S. 141.; Bunijatow, a. a. O., S. 182ff.
[188] Rustamowa-Togidi, Solmaz (Hrsg.): Kuba. Aprel'-maj 1918 g. Musul'manskije pogromy w dokumentach [Kuba. April-Mai 1918. Muslimische Pogrome in Dokumenten], S. 486.
[189] Jörg Baberowski schreibt von einem „angeblichen" Widerstand armenischer Einheiten (Der Feind ist überall, S. 149) und stellt ihn damit in Frage. Dabei wird den armenischen Soldaten – zumal nach den Ereignissen vom März/April desselben Jahres in Baku – nicht viel anderes übrig geblieben sein, als sich dem bewaffneten Kampf zu stellen. Für eine Kapitulation oder Flucht der armenischen Verbände gibt es in der Literatur wenig Hinweis. Firuz Kazemzadeh erwähnt, dass eine Abteilung armenischer Soldaten über das Kaspische Meer in das persische Enzeli geflohen ist (The Struggle for Transcaucasia, S. 143).

heftigen Kämpfen, die Rede ist von „36-stündigen Straßenschlachten",[190] aus denen die angreifenden Muslime siegreich hervorgingen. Die Informationen über die damaligen Ereignisse sind spärlich, Archivmaterial ist nicht verfügbar. In der Literatur werden die Vorgänge meistens als Rache der Muslime für die Opfer der bolschewistisch-daschnakischen Übergriffe vom Frühjahr 1918 gesehen.[191]

Eine große Zahl von Menschen ist im Zuge der Kampfhandlungen getötet oder verletzt worden. *Bajkow* schreibt in seinen Erinnerungen, dass genaue Zahlen über die Opfer, die das armenische Volk zu erleiden hatte, nicht zu ermitteln gewesen seien.[192] *Baberowski* wird dagegen konkret, er nennt die Zahl von annähernd 10.000 Armeniern.[193] Nach Lesart der kommunistischen Führung in Moskau handelte es sich gar um die 30.000 Menschen, die Opfer der Gewalttätigkeiten geworden seien.[194] Hier wird das Bemühen offenkundig, mit einer extrem hohen Opferzahl die von den Bolschewiken zuvor in Baku begangenen Untaten zu relativieren. *Kazemzadeh* geht über die bloße Schätzung hinaus und macht genaue Angaben: 8.988 Armenier seien getötet worden. Er beruft sich dabei auf Daten des Armenischen Nationalrats.[195] Aus aserbaidschanischer Sicht handelte es sich bei den September-Ereignissen um eine militärische Auseinandersetzung, bei der es Gefallene auf beiden Seiten gab. Nach *Isgenderli* verlor die muslimische Armee bei den Kämpfen auf dem Weg nach Baku und bei der Eroberung der Stadt bis zu 1.130 Männer.[196] Er nennt nur die militärischen Verluste, während die anderen Quellen bei den Opferzahlen offenkundig Kombattanten und Zivilbevölkerung zusammen erfassen und meistens nur die Armenier im Blick haben. Von Todesopfern unter der Einwohnerschaft gleich welcher ethnischen Zugehörigkeit bei der militärischen Auseinandersetzung zwischen den beiden tief verfeindeten Lagern inmitten der Großstadt Baku ist auf jeden Fall auszugehen.

Die muslimischen Kämpfer unterlagen dem Befehl einer osmanischen Militärführung.[197] Die aserbaidschanischen Autoritäten in Baku standen

---

[190] Dschafarow, Rauf: Kontinuität und Wandel in der russischen Politik gegenüber Aserbaidschan, S. 70.
[191] Vgl. Altstadt, Audrey L.: The Azerbaijani Turks, S. 92; Baberowski, a. a. O., S. 148.
[192] Bajkow, a. a. O., S. 135.
[193] Baberowski, ebenda.
[194] Vgl. Baberowski, a.a.O., S. 149 (Fn. 214).
[195] Vgl. Kazemzadeh, a. a. O., S. 144. K. hält die Angaben nicht gerade für glaubwürdig, aber auch nicht für sehr übertrieben (ebenda).
[196] Isgenderli, Anar: Realities of Azerbaijan: 1917-1920, S. 165.
[197] Vgl. Baberowski, a.a.O., S. 148.

dabei im Abseits, sie hatten keinen Einfluss auf die Befehlshaber. Politisch unterscheidet das die Ereignisse im September von denen im März 1918, als die Machthaber in der Stadt, die Bolschewiken unter der Leitung von *Schaumjan* im Verbund mit den armenischen Daschnaken, Tod und Verwüstung über die muslimischen Stadtviertel brachten. Abgesehen von ihren geringen Möglichkeiten, auf die Vorgänge in Baku Einfluss zu nehmen, dürfte im September die Bereitschaft jener Muslime gering gewesen sein, auf eine Beruhigung der Lage hinzuwirken, die das Blutvergießen als „natürliche Folge" der Ereignisse vom Frühjahr und der Kampfhandlungen zwischen der „Armee des Islam" und den armenischen Verbänden betrachteten.[198]

Die Waffenstillstandsvereinbarung von Mudros Ende Oktober 1918 veränderte die Situation grundlegend. Die türkischen Truppen verließen Baku und ihre Stellungen im Transkaukasus. Mitte November 1918 besetzten erneut britische Truppen Baku und übernahmen die politische und militärische Herrschaft in der Stadt. Die Besatzungsmacht ließ keinen Zweifel darüber aufkommen, dass sie keine souveräne aserbaidschanische Regierungsgewalt anerkennen würde. Politisch standen die Briten an der Seite des alten Russland, nach offiziellem Standpunkt befanden sie sich im Transkaukasus auf russischem Boden. Diese Haltung hinderte sie nicht daran, das Land für ihre Zwecke auszubeuten. Die Briten exportierten das Öl aus Baku ohne Genehmigung und ohne Gegenleistung[199] und trugen damit zu der schweren wirtschaftlichen Krise bei, die Aserbaidschan in dieser Zeit erlebte. Nachdem in London der Abzug der britischen Truppen aus dem Transkaukasus beschlossen worden war, verließen die Soldaten im August 1919 Baku und ganz Aserbaidschan.

---

[198] Vgl. Baberowski, a.a.O., S. 149.
[199] Vgl. Wolchonskij, Michail Muchanow, Wadim: Po sledam Azerbajdžanskoj Demokratičeskoj Respubliki [Auf den Spuren der Demokratischen Republik Aserbaidschan], S. 153f.

3 Territorialstreit und kein Frieden

Die militärischen und politischen Entwicklungen am Ende des Ersten Weltkriegs hatten dazu geführt, dass Anfang April 1918 eine unabhängige transkaukasische Föderation ausgerufen wurde, die allerdings schon im Mai 1918 nach wenigen Wochen Existenz scheiterte. Sie hätte die Region vielleicht in eine friedlichere Zukunft führen können. So entstanden im Transkaukasus auf dem Boden der früheren zaristischen Gouvernements die unabhängigen Republiken Armenien, Aserbaidschan und Georgien. Angesichts der ethnischen Gemengelage im Transkaukasus, die durch den Zustrom von Armeniern und russischen Zuwanderern im 19. und frühen 20. Jahrhundert noch komplexer geworden war, konnten dort keine reinen Nationalstaaten entstehen. In der ganzen Region lebten kompakte Minderheiten unter der jeweiligen staatsbildenden Mehrheitsgesellschaft. In Aserbaidschan bildeten Armenier und Russen vor allem in der Industriestadt Baku eine jeweils starke Minderheit. Es konnte unter diesen Umständen nicht verwundern, dass wechselseitige Gebietsansprüche unter den transkaukasischen Republiken nicht lange auf sich warten ließen[200] und die ethnische Gewalt erneut aufflammte.

Eine der ersten, groß angelegten Operationen von Armeniern in den von ihnen beanspruchten transkaukasischen Gebieten ist im (ehemaligen) Gouvernement Jerewan durchgeführt worden, wo die Gewalt schon seit Beginn des Ersten Weltkriegs alltäglich war. Die von *Baberowski* zusammengetragenen Fakten vermittelt einen Einblick in das Ausmaß von Brutalität, mit der man dort gegen die muslimische Landbevölkerung nach Ende der zaristischen Herrschaft vorgegangen ist. „Im August 1917 verübten die abziehenden armenischen Truppen und marodierende Kosaken Gräueltaten an der lokalen Bevölkerung ..., um sie aus der Region zu vertreiben. Bis zum März 1918 wurden im Gouvernement Erevan 199 muslimische Dörfer zerstört, mehr als 100.000 Menschen wurden ermordet, starben an Hunger und Entkräftung oder flüchteten in die von der türkischen Armee besetzten Gebiete."[201] Im September 1918 und Mai 1919 wiederholten sich die Angriffe.

---

[200] Selbst der Iran erhob Gebietsansprüche, die faktisch ganz Nord-Aserbaidschan und Teile von Dagestan umfassten (vgl. Swietochowski, Tadeusz: Russian Azerbaijan, 1905 – 1920, S. 155).
[201] Baberowski, Jörg: Der Feind ist überall, S. 167.

Muslimische Dörfer wurden verwüstet und die Bauern getötet oder vertrieben. Zuvor schon hatte es ein Pogrom in der Stadt Jerewan mit mehreren Tausend muslimischen Opfern gegeben. Anschließend waren Muslime in großer Zahl aus der Stadt und ihrer Umgebung in die Berge von Zangezur geflohen.[202] Die Gewaltaktionen verfolgten offenkundig das Ziel, die Bevölkerungsrelation in dem Gebiet zugunsten der Armenier zu verändern. Nach vorliegenden Daten vom Januar 1916 machten die Aserbaidschaner zu der Zeit etwas mehr als 40% der Bevölkerung im Gouvernement Jerewan aus. In vier der sieben Kreise war die armenische Bevölkerung zahlenmäßig in der Minderheit.[203]

Während die Stadt Jerewan und ihr Umland Ende Mai 1918 von der Regierung der gerade erst gegründeten Republik Aserbaidschan dem armenischen Staat überlassen[204] und damit ein Zeichen des Einvernehmens und des Friedens gesetzt wurde, entwickelten sich Konflikte zwischen beiden Seiten um die Zugehörigkeit anderer Gebiete, vor allem um Berg-Karabach, Nachitschewan und Zangezur.[205] Es hat Versuche gegeben, auch für diese Territorien friedliche und einvernehmliche Lösungen zu erreichen. So trafen sich Mitte Juni 1918 zu diesem Zweck eine armenische und eine aserbaidschanische Delegation in Istanbul, man trennte sich jedoch am Ende ohne Ergebnis.[206] Die Entscheidungen über die Zugehörigkeit und den Status der genannten Territorien sind dann 1920/21 gefallen. Zu einer wirklichen Befriedung der Situation haben sie nicht geführt, die Erwartungen der Betroffenen, der Armenier wie der Aserbaidschaner sind nicht erfüllt worden. Der Streit um Berg-Karabach ist bis heute hoch aktuell. Er soll deshalb im Mittelpunkt der folgenden Ausführungen stehen.

Die armenische Seite war nicht nur von einem starken Irredentismus, sondern auch von einer Einkreisungsphobie geprägt. Der ausgewiesene armenisch-stämmige US-Historiker *Hovannisian* fasst es in die Worte: „The Republic of Armenia was never free of the specter of enemy encirclement."[207] Die Hoffnungen der armenischen Führung auf die alliierten Sie-

---

[202] Vgl. Baberowski, ebenda.
[203] Kawkazskij kalendar' 1917, S. 190ff.; 214ff. Aserbaidschanischen Archivquellen kann man entnehmen, dass der aserbaidschanische Bevölkerungsanteil im Gouvernement bei Gründung der südkaukasischen Staaten im Mai 1918 bei etwa 37,7% lag (ARDA, f. 28, s. 1, i. 42, v. 11).
[204] Vgl. Dschafarow, Rauf: Kontinuität und Wandel in der russischen Politik gegenüber Aserbaidschan, S. 68. Die Stadt Jerewan war damals zu etwa 45% von Muslimen bewohnt (a. a. O., S. 67).
[205] Vgl. Baberowski, a. a. O., S. 163.
[206] Vgl. Dschafarow, a. a. O., S. 68f.
[207] Hovannisian, Richard G.: The Republic of Armenia, S. 228.

germächte und insbesondere auf die britische Besatzungsmacht in Transkaukasien, von denen sie Unterstützung für die armenischen Territorialinteressen erwartete, sind nicht in Erfüllung gegangen. *Hovhannes Katchaznouni*, erster Ministerpräsident der Republik Armenien, hat aus seiner Enttäuschung keinen Hehl gemacht: „Denn die Sieger und jene, die in Tiflis die deutschen Truppen ablösten, waren unsere Verbündeten. Und wir hatten in denselben Reihen gegen den gemeinsamen Feind gekämpft."[208] Den Briten warf er Treuebruch vor. „Ihre Großzügigkeit, die sie gegenüber Georgiern und Aserbeidschanern zeigten, war gewiss eine unerwartete und unverständliche Situation."[209]

3.1 Abtretung von Zangezur an Armenien

Der nordöstlich von Nachitschewan gelegene Kreis (ujezd) Zangezur war ursprünglich überwiegend von Muslimen bewohnt, die in großer Zahl auch im Baku einer Arbeit nachgingen, nachdem dort das Industriezeitalter angebrochen war.[210] Die Region erlebte im Jahre 1918 Gewalttaten von unbeschreiblichem Ausmaß. Armenische Soldaten sind plündernd und mordend gegen die muslimische Bevölkerung zu Felde gezogen. Einem Bericht zufolge ist es vorgekommen, dass der Angriff sogar auf Bitten benachbarter armenischer Bauern erfolgte, die anschließend den Besitz der Opfer an sich nahmen.[211] Eine aserbaidschanische Untersuchungskommission kam zu dem Ergebnis, dass über 10.000 Menschen bei Überfällen zu Krüppeln geschlagen worden sind oder ihr Leben verloren haben.[212] Rund 50.000 Muslime wurden im Herbst vertrieben oder flüchteten mittellos in benachbarte aserbaidschanische Kreise, um dort ein neues Zuhause zu finden.[213] Die armenischen Kampfeinheiten, ihrer militärischen Überlegenheit gewiss, setzten ihre

---

[208] Katchaznouni, Hovhannes: Für die Daschnakzutyun gibt es nichts mehr zu tun, S. 65.
[209] Katchaznouni, a. a. O., S. 66.
[210] Vgl. Gulijew, D. P. (Red.): K istorii obrazowanija Nagorno-Karabachskoj awtonomnoj oblasti Azerbajdžanskoj SSR (1918-1925). Dokumenty i materialy [Zur Geschichte der Bildung des Autonomen Gebiets Berg-Karabach der Aserbaidschanischen SSR (1918-1925). Dokumente und Materialien], S. 58.
[211] Vgl. Baberowski, a. a. O., S. 169f.
[212] Vgl. Bunijatow, Z. M. (Red.): Istorija Azerbajdžana po dokumentam i publikacijam (Geschichte Aserbaidschans in Dokumenten und Veröffentlichungen), S. 206.
[213] Vgl. Bunijatow, a. a. O., S. 205.

Feldzüge gegen die muslimischen Bauern danach fort, die weiterhin große Opfer forderten.

Weite Teile der einst bewohnten Gebiete von Zangezur waren verwüstet, als sich das politische Schicksal des gebirgigen Landstreifens Ende des Jahres 1920 entschied. Im Protokoll einer gemeinsamen Sitzung von Politbüro und Organisationsbüro des Zentralkomitees der aserbaidschanischen Kommunisten vom 30. November 1920 ist der Beschluss des Gremiums festgehalten: Zangezur fällt an Armenien.[214] Eine Begründung dafür enthält der Protokollabdruck nicht. Von den insgesamt 7.673 Km^2 des ujezd Zangezur wurden 4.414 Km^2 abgetreten.[215] Der Landstreifen hatte und hat besondere Bedeutung, weil er die geographische Verbindung resp. Barriere zwischen dem aserbaidschanischen Kernland und Nachitschewan darstellt. Man darf davon ausgehen, dass politischer Druck ausgeübt wurde und dieses Votum nicht in freier Selbstbestimmung der aserbaidschanischen Genossen zustande gekommen ist. Es entsprach nicht den Interessen Aserbaidschans und seiner Kommunistischen Partei, die damals noch unter der Führung des Nationalkommunisten *Nariman Narimanow* und seiner Anhänger stand. Zuvor noch hatte *Narimanow* in einem Telegramm an den sowjetrussischen Volkskommissar für Auswärtige Angelegenheiten *Georgij W. Tschitscherin* mit Entschiedenheit erklärt, dass die Gebiete Zangezur und Karabach Bestandteil der Sowjetrepublik Aserbaidschan seien und es auch bleiben müssten.[216] Sein Bemühen sollte erfolglos bleiben.

Einen Hinweis auf Widerstände aus Baku gegen die ganz offensichtlich von „oben" angeordnete Entscheidung gibt das Verhalten von *Grigorij K. Ordschonikidze*, seinerzeit führender Kommunist im Kaukasus und Vorsitzender des Kaukasusbüros der russischen Bolschewiken, der sich gegenüber seinen aserbaidschanischen Genossen veranlasst sah, für die Akzeptanz der getroffenen Regelung zu werben, in dem er die Angelegenheit zur „quantité négligeable" herunterstufte: „Irgendein Zangezur – unfruchtbare Berge, weder Brot noch Wasser. Da ist überhaupt nichts… Nehmt dieses unfruchtbare Land für Armenien."[217] In einem weiteren Beitrag erklärte er, dass zwischen den Sowjetrepubliken Armenien und Aserbaidschan keine Grenzen mehr bestünden[218] und unterstellte damit, dass es zwischen beiden Ländern keine

---

[214] Vgl. Gulijew, a. a. O., S. 64.
[215] ARDA, f. 28, s. 1, i. 155, v. 19f.
[216] Vgl. Baberowski, a. a. O., S. 220.
[217] Vgl. Gulijew, a. a. O., S. 67.
[218] Vgl. Gulijew, a. a. O., S. 69.

Territorialkonflikte mehr geben könne. Auch *Ordschonikidze* hatte noch im Juni 1920 verkündet, dass Zangezur für Aserbaidschan unverzichtbar sei.[219] Konflikte und Widersprüche waren für den ganzen Entscheidungsablauf kennzeichnend, in dem man offenbar auch nicht vor dem Mittel der Fälschung zurückschreckte.[220]

Das Interesse der Moskauer Führung an dieser Lösung lag auf der Hand. Es ging ihr darum zu verhindern, dass Nachitschewan als türkischer Brückenkopf für pantürkische Bestrebungen in das sowjetische Aserbaidschan hinein (und darüber hinaus) dienen könnte. Entsprechende Befürchtungen waren Ende des Jahres 1920 durchaus angebracht, denn noch standen türkische Soldaten auf dem Gebiet von Nachitschewan. Durch die Armenisierung von Zangezur wurde eine Barriere errichtet, die Nachitschewan und das Kernland Aserbaidschans territorial voneinander trennte und trennen sollte. Kein geringerer als Volkskommissar *Tschitscherin* hatte diese Überlegung schon zuvor zum Ausdruck gebracht: „Im Falle des Wiedererwachens des expansionistischen Appetits der Türken im Kaukasus wird Armenien, selbst wenn es Freund der Imperialisten ist, die Rolle einer Barriere gegen die türkische Gefahr spielen und uns vor ihr schützen."[221] Seine auf Abwehr bedachte Haltung, die hier zum Ausdruck kam, schloss freilich nicht aus, dass sich die Moskauer Diplomatie gleichzeitig um eine Annäherung an die Türkei bemühte.

3.2 Nachitschewan unter aserbaidschanischem Protektorat

Das Gebiet von Nachitschewan blieb nach der russischen Eroberung trotz der armenischen Zuwanderung seit 1828 überwiegend muslimisch geprägt. Nach der Volkszählung von 1897 lebten dort auf einer Fläche von 5.363 Km^2 gut

---

[219] Vgl. Baberowski, a. a. O., S. 219.
[220] Von einem Fall grober Fälschung wird aus den Tagen der Sowjetisierung Armeniens berichtet. Narimanow hatte zur Unterstützung seiner armenischen Genossen am 30. 11. 1920 eine Erklärung abgegeben, in der es u.a. heißt, dass keine territoriale Frage mehr ein Grund für Blutvergießen von Armeniern und Muslimen sein werde. Der werktätigen Bauernschaft Berg-Karabachs werde das volle Recht auf Selbstbestimmung gewährt, und alle militärischen Operationen Aserbaidschans in Zangezur würden eingestellt werden. Zwei Tage später erschien die Erklärung im zentralen Presseorgan der armenischen Kommunisten in veränderter Fassung. Nunmehr hieß es darin, dass Nachitschewan und Zangezur untrennbare Teile Sowjetarmeniens seien und dass den Armeniern in Berg-Karabach das Selbstbestimmungsrecht gewährt werde (vgl. Dschafarow, a. a. O., S. 119).
[221] Zitiert bei Dschafarow, a. a. O., S. 118; vgl. auch Tokluoglu, Ceylan: The Political Discourse of the Azerbaijani Elite on the Nagorno-Karabach Conflict (1991 – 2009), S. 1241.

100.000 Menschen, von denen rund 64.000 Muslime und über 34.000 Armenier waren.[222] Die Republik Armenien erhob 1918 Anspruch auf das Territorium, das in der zaristischen Zeit zum Gouvernement Jerewan gehörte. Aus armenischer Sicht war Nachitschewan ein unverzichtbarer Bestandteil des eigenen Staates.[223] Es sollte der geopolitischen Arrondierung und Stabilisierung der Republik dienen. *Hovannisian* fasste es in die Worte: „the Armenian government realized that it must gain control of the rich lands extending to the Persian frontier to steady the Republic."[224]

Währenddessen tobte ein blutiger Kampf zwischen den dort lebenden Armeniern und Aserbaidschanern. Armenische Armeeverbände unterstützten dabei ihre Landsleute, während den Muslimen türkisches Militär zur Seite stand, das trotz der Vereinbarungen im Waffenstillstandsabkommen von Mudros noch bis etwa Mitte 1921 in Nachitschewan präsent war.[225] Zu den Exzessen gehörte die systematische Vertreibung von Muslimen aus Nachitschewan durch armenische Soldaten Mitte des Jahres 1920. Es handelte sich um den Versuch, durch ethnische Säuberung den armenischen Gebietsansprüchen Nachdruck zu verleihen. Einige Monate später griffen türkische Truppen in das Geschehen ein, die mit den armenischen Bauern in gleicher Weise umgingen. Bis zum Ende des Jahres tobten die Kämpfe, die ein zerstörtes Land zurückließen.[226] *Baberowski* zitiert aus der Schilderung eines türkischen Generals, der Zeuge der Ereignisse in Nachitschewan geworden ist: „Hunderttausende von Armen und Bauern ... wurden nach Persien umgesiedelt, zerlumpt, hungrig... Mehr als einhundert muslimische Dörfer wurden bis auf die Grundmauern zerstört, die Armenier sammeln und verschleppen einen Teil der Ernte, und den restlichen Teil vernichten sie."[227] Gleiches wusste der Gesandte des sowjetrussischen Außenministers in Baku zu berichten.[228] Die interethnische Gewalt, die im armenisch-muslimischen „Krieg" 1905/06 aufgebrochen war und nach der Auflösung der alten Ordnung in Baku und anderen Orten ihre Fortsetzung fand, erreichte in Nachitschewan ihren grausamen Höhepunkt.[229]

---

[222] Vgl. Altstadt, Audrey L.: The Azerbaijani Turks, S. 30.
[223] Vgl. Swietochowski, Tadeusz: Russian Azerbaijan, 1905-1920, S. 159.
[224] Hovannisian, a. a. O., S. 228f.
[225] Das Abkommen von Mudros vom 30. Oktober 1918 sah vor, dass die Osmanen ihre militärischen Positionen außerhalb Anatoliens räumen.
[226] Vgl. Baberowski, a. a. O., S. 169.
[227] Baberowski, a. a. O., S. 219.
[228] Vgl. Baberowski, a. a. O., S. 220.
[229] Vgl. Baberowski, a. a. O., S. 167.

Die britische Besatzungsmacht in Transkaukasien stellte das Gebiet im April 1919 vorläufig unter armenische Verwaltung, endgültige Lösungen sollten in diesem wie in anderen Territorialkonflikten internationaler Friedensregelung vorbehalten bleiben. Ebenso wie die Moskauer Genossen im Falle von Zangezur ließen sich die Briten bei ihrem Vorgehen von der Sorge leiten, dass Nachitschewan unter muslimischer Administration zur Brücke einer strategischen Allianz zwischen der Türkei und Aserbaidschan werden könnte.[230]

Die Briten waren mit ihren geringen militärischen Mitteln vor Ort wohl kaum im Stande, das interethnische Gemetzel zu beenden. Vor allem aber fehlte ihnen die Bereitschaft dazu. Der damalige Oberkommandierende der britischen Soldaten im Transkaukasus, der aus seiner negativen Haltung zu den drei südkaukasischen Republiken keinen Hehl machte, hat das mit aller Klarheit zum Ausdruck gebracht: „I am fully aware that the withdrawal of the British troops would probably lead to anarchy but I cannot see that the world would lose much if the whole of the inhabitants of the country cut each other's throats. They are certainly not worth the life of one British soldier…"[231] Im Sommer 1919 sind die britischen Truppen dann aus dem Transkaukasus abgezogen worden.

Ausdruck der neuen Machtverhältnisse im Südkaukasus nach dem Abzug der Briten und nach der Sowjetisierung des Raumes war der Moskauer Vertrag zwischen Sowjetrussland und der Türkei vom 16. März 1921.[232] Das Abkommen enthält eine Regelung zu Nachitschewan und damit über (für die Vertragspartner) fremdes Territorium, um das Armenien und Aserbaidschan stritten. In seinem Artikel 3 kommen die vertragschließenden Parteien überein, dem Territorium den Status eines autonomen Gebiets unter dem Protektorat Aserbaidschans zu geben. In dem wenige Monate später, am 13. Oktober 1921 geschlossenen Freundschaftvertrag von Kars zwischen den Sowjetrepubliken Armenien, Aserbaidschan und Georgien einerseits und der Türkei andererseits unter Beteiligung Sowjetrusslands,[233] dessen wesentliche Bedeutung in der Festschreibung der türkischen Nordgrenze bestand, wurde die Regelung des Moskauer Vertrages in Bezug auf Nachitschewan bestätigt. Der einschlägige Art. 5 des Vertrages lautet: „Die Regierung der Türkei und

---

[230] Vgl. Swietochowski, ebenda.
[231] Zitiert bei Arslanian, Artin H.: Britain and the Transcaucasian Nationalities during the Russian Civil War, S. 303.
[232] Moskowskij dogowor meždu Rossijej i Turcijej 16 marta 1921 goda [Moskauer Vertrag zwischen Russland und der Türkei, 16. März 1921].
[233] Karskij dogowor [Vertrag von Kars].

die Regierung von Sowjet-Armenien und Aserbaidschan stimmen überein, dass das Gebiet Nachitschewan in den Grenzen, die in Anlage 3 des vorliegenden Vertrages festgelegt sind, ein autonomes Territorium unter dem Schutz Aserbaidschans bildet."[234] Eine Landverbindung zwischen der Türkei und dem aserbaidschanischen Kernland über das Gebiet von Nachitschewan[235] ist zuvor schon mit dem Anschluss von Zangezur an Armenien verhindert worden. Im Jahre 1924 hat dann Baku das Gebiet Nachitschewan zur Autonomen Sowjetrepublik innerhalb des aserbaidschanischen Staatsverbands erklärt.

Nachitschewan war von den Bolschewiken eine politische Vorbildfunktion zugedacht. Nach dem Sieg ihrer Revolution im Südkaukasus sollte der relativ schmale Landstrich den Muslimen in den Nachbarländern, im Iran und in der Türkei, als Beispiel für den gesellschaftlichen Fortschritt unter Sowjetherrschaft vorgeführt werden. Tatsächlich aber führte die Entwicklung in den wirtschaftlichen und sozialen Niedergang. Dieser trug neben Bürgerkrieg und Vertreibung mit zur massiven Abnahme der Bevölkerung bei; lebten vor Beginn des Ersten Weltkriegs rund 175.000 Menschen in dem Gebiet, waren es im Jahre 1925 nur noch etwa 110.000.[236]

Jahrelang stand Nachitschewan außerhalb der Kontrolle durch die zentralen Organe in Baku, durch seine abgetrennte Lage wurde dieser Zustand begünstigt. Die Sowjetmacht existierte an der Peripherie nur der Form nach, in Wirklichkeit herrschten die örtlichen Familienclans. Erst nach einer Intervention Stalins griff die kommunistische Führung Aserbaidschans durch und „säuberte" den Parteiapparat, ohne an den politischen Verhältnissen und der ärmlichen Lebenssituation der Menschen tatsächlich etwas zu verbessern.[237]

3.3 Die Auseinandersetzung um Berg-Karabach

Zentraler Konfliktpunkt zwischen Armeniern und Aserbaidschanern seit nunmehr bald 100 Jahren ist die Frage der staatlichen Zugehörigkeit von Berg-Karabach. Diese Auseinandersetzung wird nicht selten mit Hilfe der

---

[234] Artikel 5 des Vertrages von Kars lautet im russischen Originaltext: ПравительствоТурции и Правительство Советской Армии и Азербейджана соглашаются, что Нахичеванская область в границах, определенных в приложении 3 настоящего договора, образует автономную территорию под покровительством Азербейджана.
[235] Die Türkei und Nachitschewan verbinden nur wenige Kilometer gemeinsamer Grenze.
[236] Vgl. Baberowski, a. a. O., S. 537.
[237] Vgl. Baberowski, a. a. O., S. 536ff.

Historiographie geführt. Sowohl im pro-armenischen als auch im pro-aserbaidschanischen Lager benutzt man die Geschichte als politisches Argument.[238] Von Vertretern beider Seiten wird die Ethnogenese der vergangenen 2000 (und mehr) Jahre zur Begründung der eigenen Territorialansprüche bemüht, ohne dabei mit einem zwingenden Beleg überzeugen zu können. Das Wetteifern um einen möglichst frühen Nachweis der Autochthonie des eigenen Volkes in diesem geographischen Raum, um so derartige Ansprüche als solche auf ein „historisches Erbe" deklarieren zu können, geht an der Sache vorbei und muss sich ohnedies am Ende in einer völlig nebulösen Vorgeschichte verlieren.[239] Bei der Entscheidungsfindung im Juli 1921 über die Frage der staatlichen Zugehörigkeit bzw. des Status von Berg-Karabach spielte dessen historische Entwicklung, namentlich dessen Siedlungsgeschichte in den vergangenen Jahrhunderten, offenkundig auch keine Rolle. Und für die völkerrechtliche Beurteilung dieser Frage, der in der aktuellen Situation große Bedeutung zukommt, sind diese Aspekte irrelevant.[240] Eingedenk dieser Tatsache soll die Geschichte von Berg-Karabach hier nur kurz behandelt[241] und der Focus auf die Analyse und Bewertung der gefundenen Entscheidung sowie auf die jüngste Entwicklung und die sich aus der gegenwärtigen Lage ergebenden Rechtsprobleme gelegt werden.

3.3.1 Zur Geschichte von Karabach

Nach zwei Jahrhunderten unter dem Joch der Mongolen herrschten im 15. Jahrhundert die lokalen türkischen Dynastien *Kara-Kojunlu* und *Ak-Kojunlu* im Gebiet des heutigen Aserbaidschan, das dann im frühen 16. Jahrhundert zum Kerngebiet des Reiches der Safawiden wurde, eines der damals bedeutenden Reiche des Mittleren Ostens. Die Safawiden teilten ihr Herrschaftsgebiet in eine Vielzahl von Regionen (Beglerbeg) ein, eine davon war Karabach. Im frühen 18. Jahrhundert geriet das Safawidenreich in eine ernsthafte Krise. Seine Schwäche bot dem Osmanischen Reich und dem zaristischen Russland gleichermaßen die Gelegenheit, den Safawiden weite Gebiete zu entreißen. Bei ihren Feldzügen setzten die Osmanen auf die Unterstützung durch die ansässige muslimische Bevölkerung, während die Russen auf die

---

[238] Vgl. Kohrs, Michael: Geschichte als politisches Argument, S. 46ff.
[239] Vgl. Jacoby, Volker: Geschichte und Geschichtsschreibung im Konflikt um Berg-Karabach, S. 68.
[240] Vgl. Krüger, Heiko: Der Berg-Karabach-Konflikt, S. 92.
[241] Zur Geschichte von Berg-Karabach vgl. Kipke, Rüdiger: Das armenisch-aserbaidschanische Verhältnis und der Konflikt um Berg-Karabach, S. 9ff.; Rau, Johannes: Der Berg-Karabach-Konflikt zwischen Armenien und Aserbaidschan, S. 8ff.

Christen in der Region bauten. Das Kalkül ging jedoch nicht immer auf. Im März 1724 kam es in Karabach zu einer Vereinbarung, die im Lichte der heutigen aserbaidschanisch-armenischen Beziehungen geradezu als Phantasie erscheinen mag: die christlichen Armenier von Karabach und die ansässigen Muslime schlossen ein Abkommen, das zu gegenseitiger Hilfe im Falle eines Angriffs von außen verpflichtete.[242]

Nach dem Ende der Safawiden-Herrschaft entstand Mitte des 18. Jahrhunderts das unabhängige Khanat Karabach unter der Führung seines Gründers *Panah Ali-khan*. Es umfasste auch die von Armeniern besiedelten Bergregionen.[243] Gegen Ende des Jahrhunderts geriet Karabach unter die Herrschaft der Kadscharen, der Nachfolgedynastie der Safawiden. Das Khanat genoss zwar immer noch weitgehende Unabhängigkeit, die aber durch die Zentralisierungsbemühungen der Kadscharen zunehmend in Gefahr geriet. Angesichts dieser Bedrohung und unter dem Druck des Russischen Reiches, dessen Truppen nach der zaristischen Machtübernahme in Ostgeorgien im Jahre 1801 und der Eroberung der Stadt Gandscha 1804 an seinen Grenzen standen, schloss der Herrscher des Khanats Karabach, *Ibrahim Khalil-khan*, ein Abkommen mit dem Zaren. Zwischen zwei starken, auf Eroberung bedachten Nachbarn stehend hatte es Khan *Ibrahim* vorgezogen, sich auf die russische Seite zu schlagen. Mit dem Kjurektschajer Vertrag vom Mai 1805 wurden dem Russischen Reich weitreichende Rechte eingeräumt. Karabach kam unter dessen oberste Herrschaftsgewalt, hatte Tribut zu zahlen und verzichtete ausdrücklich auf selbständige Beziehungen zu Drittländern. In der Festung von Schuscha, dem damaligen Zentrum von Karabach, wurden russische Truppen stationiert. Dem Khanat blieb jedoch grundsätzlich gestattet, seine inneren Angelegenheiten selbst zu regeln.[244]

Das zaristische Russland führte seine Expansionspolitik in Nordaserbaidschan mit der Unterwerfung weiterer Khanate fort, so dass die militärische Konfrontation mit Persien unausweichlich wurde. Aus dem folgenden

---

[242] Vgl. Mamedow, S. A., Istoričeskije swjazi azerbajdžanskogo i armjanskogo narodow wo wtoroj polowine XVII – perwoj treti XVIII w. [Die historischen Beziehungen des aserbaidschanischen und armenischen Volkes von der zweiten Hälfte des 17. bis zum ersten Drittel des 18. Jh.], S. 172ff.

[243] Nach Aussagen mancher Wissenschaftler bestand die Bevölkerung von Karabach im 18. Jahrhundert ganz überwiegend aus Armeniern, von einem Bevölkerungsanteil von über 90% ist die Rede (vgl. Barsegjan, Chikar Akopovič: Istina dorože: K probleme Nagornogo Karabacha–Arcacha [Die Wahrheit ist kostbarer: Zum Problem Berg-Karabach–Arcach], S. 122f.). Es gibt dafür keinen Beleg. Würde die Behauptung zutreffen, hätte schwerlich ein muslimisches Khanat in Karabach entstehen können.

[244] Vgl. Kipke, a. a. O., S. 11f. Der vollständige Vertragstext, im russischen Original und in deutscher Übersetzung, ist abgedruckt bei Rau, a. a. O., S. 63ff.

Krieg, der von 1804 bis 1813 währte, gingen die russischen Truppen als Sieger hervor. Die Kadscharen waren gezwungen, im Oktober 1813 den Friedensvertrag von Gjulistan zu unterzeichnen, der den Anspruch des Russischen Reiches auf Karabach und andere Khanate Nord-Aserbaidschans bestätigte. Im Jahre 1822 wurde das Khanat Karabach aufgelöst und in die Verwaltungsstrukturen der russischen Kolonialmacht eingegliedert. Weitere Teile Aserbaidschans fielen 1828 mit dem Vertrag von Turkmentschaj an Russland, der einen neuerlichen Waffengang zwischen beiden Reichen beendete.

Die erwähnte Migration von Armeniern in den Transkaukasus führte viele von ihnen nach Berg-Karabach. Die erste große Welle von Umsiedlern, die sich in dem Gebiet niederließen, kam im Jahre 1828 aus dem Kadscharenreich.[245] Andere Zuwanderer kamen aus Anatolien. Deren Zahl war besonders hoch nach dem russisch-türkischen Krieg von 1877 bis 1878 und nach den Ereignissen von 1893/94 im Osmanischen Reich, wo es zu den ersten großen Zusammenstößen zwischen Armeniern und Osmanen gekommen war. Einen starken Zustrom gab es schließlich im Zuge des Ersten Weltkriegs.[246] Dadurch wurde die ethnische Zusammensetzung der Bevölkerung erheblich verändert. Die Entwicklung der Relation von armenischen und aserbaidschanischen Bewohnern von Berg-Karabach spiegelt sich in den von *Baguirov* veröffentlichten Daten wider.[247]

Ethnische Zusammensetzung der Bevölkerung von Berg-Karabach

Jahr	Armenier	Aserbaidschaner
1823	9%	91%
1871	24%	73%
1897	39,5%	59,5%
1919	71,5%	25,5%

---

[245] Zu dieser und anderen Umsiedlungen von Armeniern aus Persien nach Karabach vgl. Glinka, Sergej: Opisanije pereselenija Armjan adderbidžanskich w predely Rossii [Beschreibung der Übersiedlung der Armenier von Adderbidschan nach Russland], S. 107ff.; Potto, Wasilij: Kawkazskaja wojna. Tom 3: Persidskaja wojna 1826-1828 gg, [Kaukasischer Krieg. Band 3: Persischer Krieg 1826-1828], S. 591.
[246] Vgl. Baberowski, a. a. O., S. 164; Pipes, Richard: The Formation of the Soviet Union. Communism and Nationalism 1917-1923, S. 101.
[247] Vgl. Baguirov, Adil: Nagorno-Karabakh: Basis and Reality of Soviet-Era Legal and Economic Claims Used to Justify the Armenia-Azerbaijan-War, S. 13f.

Die Angaben sind vom Autor aus verschiedenen Materialien zusammengetragen worden. Dabei stammen die Zahlen für das Jahr 1919 aus armenischen Quellen. Nach aserbaidschanischen Archivunterlagen waren Anfang des Jahres 1918 von den knapp 140.000 Bewohnern des späteren Autonomiegebiets Berg-Karabach 86,89% Armenier und 12,84% Aserbaidschaner.[248] Aus dem Vergleich der Zahlenangaben von 1918 und 1919 kann man die Tendenz entnehmen, dass der armenische Bevölkerungsanteil nach dem Weltkrieg zurückging; ein Teil der Flüchtlinge hatte das Gebiet mit dem Ende der Kampfhandlungen und dem Zusammenbruch der zaristischen Herrschaft im Transkaukasus wohl wieder verlassen. In diesem Zusammenhang sei noch einmal auf das generelle Problem hingewiesen, dass es recht unterschiedliche Daten zu Bevölkerungszahlen und ihrer Entwicklung gibt. In aller Regel kann man dazu keine eindeutigen Aussage machen, wohl aber einen Trend feststellen.

---

[248] ARPİİ-SSA, f. 1, s. 31, i. 186a, v. 59.

Die Übersiedlung der Armenier aus Persien in das zaristische Aserbaidschan 1828 (Gemälde des russischen Malers Ilja I. Maschkow)

Quelle: Mahmudov, Yaqub/ Şükürov, Kərim: Qarabağ. Real tarix, faktlar, sənədlər, S. 35.

3.3.2 Entscheidung des Kaukasusbüros zu Berg-Karabach

Die Kommunistische Partei Sowjetaserbaidschans unter der Führung des Nationalkommunisten *Nariman Narimanow* stand seit ihrer Gründung Anfang 1920 an der Seite Moskaus und ließ es grundsätzlich nicht an Parteidisziplin gegenüber ihren russischen Genossen fehlen. In der Frage von Gebietsabtretungen an Armenien waren die Aserbaidschaner jedoch nur schwer zu Konzessionen zu bewegen. Nach den Verzicht Bakus auf die Stadt Jerewan und auf Zangezur einerseits und der Anerkennung der Zugehörigkeit Nachitschewans zu Aserbaidschan durch den sowjetrussisch-türkischen Vertrag vom März 1921 andererseits stand nun im Sommer 1921 eine Entscheidung über die staatliche Zukunft von Berg-Karabach an.

Die aserbaidschanische Seite trat entschieden für den Verbleib des Gebiets bei Aserbaidschan ein, die Armenier kämpften für seinen Anschluss an die Sowjetrepublik Armenien. Führende Repräsentanten der Kommunistischen Partei Russlands teilten die Position Armeniens. Ganz auf dieser Linie äußerte sich *Stalin* im Dezember 1920 in der Parteizeitung „Prawda". Er konstatierte darin den freiwilligen Verzicht von Sowjetaserbaidschan auf Zangezur, Nachitschewan und Berg-Karabach und die Übergabe der Gebiete an Sowjetarmenien.[249] Mit seinem Beitrag, den er aus Anlass der Sowjetisierung Armeniens veröffentlichte, setzte er ein unübersehbares Zeichen. Die Worte *Stalins* hatten jedoch noch nicht das Gewicht späterer Jahre; er war noch lange nicht auf dem Höhepunkt seiner Macht. *Narimanow* genoss andererseits das Vertrauen *Lenins*, bei dem er ein „offenes Ohr" für seine Wünsche und Vorstellungen fand.[250] Festzuhalten bleibt, dass man zu jener Zeit nicht von einer gefestigten einheitlichen Position der Moskauer Führung in der Karabach-Frage sprechen kann, sonst wären die Entscheidungsprozesse Anfang Juli 1921 anders verlaufen.

Alle diese Territorialkonflikte in jener Zeit müssen insofern verwundern, als es sich hier bei den Akteuren um Kommunisten verschiedener Nationalität handelte, die jenseits der Losung „Proletarier aller Länder, vereinigt Euch!" im Streit miteinander lagen über die staatliche Zugehörigkeit von Gebieten innerhalb ihres Herrschaftsbereichs. Das politische Denken der handelnden Eliten war, so muss man folgern, mehr von den Kategorien des Nationalstaats als denn von marxistischen und leninistischen Positionen geprägt.

---

[249] Stalin, J.W.: Werke, Band 4, S. 365.
[250] Baberowski, a. a. O., S. 244.

Anfang Mai 1921 setzte das Kaukasusbüro (Kawbjuro), das Leitungsorgan des Zentralkomitees der Russischen Kommunistischen Partei (b) im Kaukasus,[251] eine Kommission ein, der die Aufgabe zukam, die Grenzen zwischen den Sowjetrepubliken Transkaukasiens zu markieren. Das Ergebnis ihrer Arbeit war dem Kaukasusbüro zur Bestätigung vorzulegen. Die Kommission kam alsbald zu ausführlichen Beratungen zusammen und wurde zum Forum der Auseinandersetzung um die Zugehörigkeit von Berg-Karabach. Das armenische Mitglied des Gremiums schlug sogleich vor, im Namen der Solidarität und im Interesse freundschaftlicher Beziehungen zwischen den transkaukasischen Ländern einige territoriale Konzessionen zugunsten Armeniens im Hinblick auf Gebiete mit kompakter armenischer Besiedlung zu machen. Damit war vor allem Berg-Karabach gemeint. Die übrigen Kommissionsmitglieder folgten seiner Position nicht, waren aber bereit, das Problem offen zu lassen und die Entscheidung darüber allein in die Hände des Kaukasusbüros zu legen.[252] Daraufhin nahm der Vorsitzende des Kaukasusbüros *Ordschonikidze* in einem Telegramm an die aserbaidschanische Führung Stellung in der Angelegenheit, er mahnte eine Lösung der Karabach-Problematik auf ethnischer Grundlage an.[253] In Baku reagierte man darauf ablehnend mit dem Hinweis auf die wirtschaftliche Verflechtung zwischen Berg-Karabach und dem übrigen Aserbaidschan.[254]

Ungeachtet dessen forderte das Kaukasusbüro die Regierung von Sowjetarmenien auf, die Zugehörigkeit von Berg-Karabach zu Armenien zu erklären. Jerewan erließ daraufhin am 12. Juni 1921 ein entsprechendes Dekret.[255] Es war klar, dass diese Vorgehensweise, die einer Überrumpelung gleichkam, zu großer Empörung und scharfen Protesten auf aserbaidschanischer Seite führen würde. *Narimanow* forderte die Einberufung einer Sitzung

---

[251] Das Kaukasusbüro ist im April 1920 eingerichtet worden. Geführt von Grigorij Ordžonikidze hatte es ursprünglich die Aufgabe, Verbindungen zu den verschiedenen kommunistischen Organisationen in der Region herzustellen. Bald aber erhielt das Kawbjuro eine wichtige Rolle als Koordinator im Zuge der Machtübernahme Moskaus im Kaukasus. Im Februar 1922 wurde es aufgelöst und durch das Transkaukasische Regionalkomitee ersetzt (vgl. Altstadt, Audrey L.: Nagorno-Karabagh – „Apple of Discord" in the Azerbaijan SSR, S. 64f.; Swietochowski, Tadeusz / Collins, Brian C.: Historical Dictionary of Azerbaijan, S. 73).

[252] Vgl. Charmandarjan, S.: Lenin i stanowlenije Zakawkazskoj Federacii [Lenin und die Errichtung der Transkaukasischen Föderation], S. 103f.; Kipke, a. a. O., S. 36.

[253] In dem Telegramm heißt es: „…Um alle Reibungen endgültig zu beseitigen und wahrhaft freundschaftliche Beziehungen aufzubauen, ist es notwendig, …das folgende Prinzip zu beachten: Keine armenische Siedlung darf an Aserbaidschan angeschlossen werden, ebenso darf keine muslimische Siedlung an Armenien angeschlossen werden" (zitiert bei Charmandarjan, a. a. O., S. 104).

[254] ARPİİ-SSA, f. 1, s. 31, i. 186a (1), v.49.

[255] Vgl. Kipke, ebenda.

des Kaukasusbüros, um die Ansprüche seines Landes auf das strittige Gebiet geltend zu machen. Die Vorgänge machten nur allzu deutlich, dass die kommunistischen Machthaber im Kaukasus am Vorabend der entscheidenden Sitzungsrunde des Kaukasusbüros in der Sache noch völlig zerstritten waren.

In der Zeit vom 02. bis 07. Juli 1921 hielt das Plenum des Kaukasusbüros die Sitzungsperiode ab, in der die Entscheidung in der Karabach-Frage fallen sollte. Das Thema stand für den 04. Juli auf der Tagesordnung. Außer den sieben stimmberechtigten Mitgliedern des Gremiums nahm an der Sitzung auch *Stalin*, seinerzeit sowjetrussischer Volkskommissar für Nationalitätenfragen, als Beobachter ohne Stimmrecht teil.[256] Es wurden zur Lösung des Problems unterschiedliche Vorschläge gemacht, die teils den armenischen und teils den aserbaidschanischen Vorstellungen entsprachen. Schließlich fasste man den Beschluss, Berg-Karabach an die Sowjetrepublik Armenien anzuschließen (wključit') und eine Volksabstimmung nur unter der armenischen Bevölkerung des Gebiets durchzuführen. Dafür votierten vier Mitglieder des Gremiums, drei waren dagegen.[257] Auf Initiative von *Narimanow*, der dieses Ergebnis nicht akzeptieren wollte, hat man einen weiteren Beschluss gefasst, mit dem der vorausgegangenen Entscheidung die Verbindlichkeit genommen wurde: Angesichts der Bedeutung der Karabach-Frage sollte das Zentralkomitee der Russischen Kommunistischen Partei (b) endgültig darüber entscheiden.[258]

Man kann davon ausgehen, dass die politische Führung in Moskau wenig gewillt war, sich nun dieser aus ihrer Sicht eher nebensächlichen Frage anzunehmen, zumal sie selbst in der Sache keinen klaren Standpunkt vertrat. Die Sowjetmacht in Russland stand vor ganz anderen Problemen; Streik und Aufstand, Versorgungskrise und Hungersnot, Durchsetzung der Neuen Ökonomischen Politik gegen heftigen innerparteilichen Widerstand gehörten zu den Stichworten der innenpolitischen Agenda jener Monate. Im Übrigen konnte Moskau an der zugedachten Rolle nicht gelegen sein; denn jede Entscheidung in der Sache musste zu Gewinnern und Verlierern unter den involvierten Genossen führen, ein beide Seiten befriedigender Kompromiss war offensichtlich nicht erreichbar. So erging aus dem Kreml postwendend

---

[256] Vgl. Dschafarow, a. a. O., S. 120.
[257] Vgl. Gulijew, a. a. O., S. 90f.; Mahmudov, Yaqub/ Şükürov, Kərim: Qarabağ. Real tarix, faktlar, sənədlər. Garabagh. Reale Geschichte, Tatsachen, Dokumente, S. 58f. (mit einer – mangelhaften – deutschen Übersetzung des Ergebnisprotokolls der Sitzung).
Bemerkenswert bleibt die zeitliche Abfolge, die der Beschluss vorsieht: Im ersten Schritt wird die territoriale Zugehörigkeit des Gebiets bestimmt, erst danach soll eine Volksabstimmung stattfinden.
[258] Vgl. Gulijew, ebenda; Mahmudov/ Şükürov, ebenda.

die Aufforderung an das Kaukasusbüro, die Angelegenheit erneut zu behandeln und selbst zu entscheiden.[259]

Daraufhin setzte sich das Kaukasusbüro am folgenden Tag, am 05. Juli 1921, erneut mit der Karabach-Problematik auseinander. Das Gremium kam nun – in derselben Besetzung – zu ganz anderen Ergebnissen, die sich in folgenden Beschlüssen niederschlugen:

„Ausgehend von der Notwendigkeit des nationalen Friedens zwischen Muslimen und Armeniern und der ökonomischen Verbindung zwischen Ober- und Niederkarabach, seiner beständigen Beziehung zu Aserbaidschan verbleibt Berg-Karabach in den Grenzen der Aserbaidschanischen Sozialistischen Sowjetrepublik, versehen mit einer breiten Gebietsautonomie, mit dem Verwaltungszentrum in Schuscha als Teil des Autonomiegebiets."

Vier Mitglieder des Gremiums haben dem Beschlussvorschlag zugestimmt, drei haben sich der Stimme enthalten. Es wurden noch weitere Entscheidungen getroffen, zu denen das Protokoll allerdings keinerlei Abstimmungsergebnis vermerkt:

Das Zentralkomitee der aserbaidschanischen Kommunisten wird beauftragt, die Grenzen des Autonomiegebiets zu bestimmen und das Ergebnis dem Kaukasusbüro zur Bestätigung vorzulegen;

es wird weiterhin beauftragt, den Umfang der Autonomie von Berg-Karabach festzulegen und das Ergebnis dem Kaukasusbüro zur Bestätigung vorzulegen.

Das Präsidium des Kaukasusbüros erhält schließlich den Auftrag, mit dem Zentralkomitee Armeniens und dem Zentralkomitee Aserbaidschans über den Kandidaten für das Außerordentliche Komitee von Berg-Karabach Gespräche zu führen.

Weitere Ausführungen sind der Niederschrift nicht zu entnehmen.[260] Es handelt sich um ein Ergebnisprotokoll, das auf weitergehende Begründungen verzichtet.

---

[259] Vgl. Dschafarow, a. a. O., S. 121.
[260] Vgl. Gulijew, a. a. O., S. 92.
Die beiden hier genannten Protokolle sind unterschiedlich geführt worden. Das vom 04. Juli weist namentlich aus, wie die Sitzungsteilnehmer abgestimmt haben. Die Niederschrift der Folgesitzung am 05. Juli dokumentiert lediglich ein numerisches Abstimmungsergebnis zum ersten Tagesordnungspunkt, zur grundlegenden Entscheidung über die staatliche Zugehörigkeit von Berg-Karabach.

Es ist bei dem Beschluss des Kaukasusbüros vom 05. Juli 1921 geblieben. Der ganze Vorgang der intransparenten Entscheidungsfindung gibt viel Raum für Vermutungen und Spekulationen über Motive und Hintergründe der getroffenen Entscheidung. Zahlreiche Kommentatoren haben sich in wissenschaftlichen und publizistischen Beiträgen dazu geäußert und ihre Kritik vorgebracht. Auf die bis in unsere heutigen Tage reichende Debatte, die besonders durch den Umstand „angeheizt" worden ist, dass die erste Abstimmung des Kaukasusbüros in dieser Angelegenheit am Tag zuvor noch zu einem ganz anderen Ergebnis geführt hatte, soll nachfolgend eingegangen werden.

Es wird in der im Westen publizierten Literatur gern darauf hingewiesen, dass sich die Armenier zu keiner Zeit mit der Zugehörigkeit von Berg-Karabach zu Aserbaidschan abgefunden haben.[261] Man spart dabei nicht mit drastischen Formulierungen; als „Akt äußerster Willkür" gilt das Votum des Kaukasusbüros im armenischen Lager.[262] Ergänzend ist jedoch hinzufügen, dass man umgekehrt auf aserbaidschanischer Seite eine armenische Autonomie auf dem eigenen Staatsgebiet stets abgelehnt und politisch dagegen gekämpft hat. Zudem musste es die Aserbaidschaner in Armenien wie auch im eigenen Land verbittern, dass den in Armenien beheimateten, teils kompakt siedelnden Landsleuten keine vergleichbare Sonderstellung gewährt wurde.[263] Der Dissens in dieser ganzen causa reichte bis tief in die Führungsspitzen der Kommunistischen Parteien von Armenien und Aserbaidschan und führte zu einer dauerhaften Belastung der wechselseitigen Beziehungen.

Es bleibt offen, wie die einzelnen Mitglieder des Gremiums abgestimmt haben (vgl. Gulijew, a. a. O., S. 90ff.).
[261] Vgl. Auch, Eva-Maria: "Ewiges Feuer" in Aserbaidschan, S. 20; Simon Gerhard: Berg-Karabach im Rampenlicht des Weltgeschehens, S. 4.
[262] Vgl. Iskandaryan, Alexander: Der Südkaukasus, S. 545.
[263] Vgl. Altstadt, Audrey L.: The Azerbaijani Turks, S. 128.

Aus dem Protokoll Nr. 12 der Plenumssitzung des Kaukasusbüros vom 05. Juli 1921

ИЗ ПРОТОКОЛА
ЗАСЕДАНИЯ ПЛЕНУМА КАВБЮРО ЦК РКП(б)

5 июля 1921 г.

Присутствуют: Член Цека РКП Сталин; члены Кавбюро: тт. Орджоникидзе, Махарадзе, Киров, Назаретян, Орахелашвили, Фигатнер, Нариманов и Мясников; наркоминдел АССР Гусейнов:

Слушали:

1. Тт. Орджоникидзе и Назаретян возбуждают вопрос о пересмотре постановления предыдущего Пленума о Карабахе.

Постановили:

Исходя из необходимости национального мира между мусульманами и армянами и экономической связи Верхнего и Нижнего Карабаха, его постоянной связи с Азербайджаном, Нагорный Карабах оставить в пределах Азербайджанской ССР, предоставив ему широкую областную автономию с административным центром в гор. Шуше, входящем в состав автономной области.

Голосуют: за 4, воздержалось 3.

б) Поручить Цека Азербайджана определить границы автономной области и представить на утверждение Кавбюро ЦК РКП.

в) Поручить Президиуму Кавбюро ЦК переговорить с Цека Армении и Цека Азербайджана о кандидате на чрезвычкома Нагорного Карабаха.

г) Объем автономии Нагорного Карабаха определить Цека Азербайджана и представить на утверждение Кавбюро Цека.

Секретарь Кавбюро ЦК РКП *Фигатнер*

ЦПА ИМЛ. Ф. 64. Оп. 2. Д. 1. Л. 122—122 об.

Quelle: Gulijew, D. P. (Red.): K istorii obrazowanija Nagorno-Karabachsko awtonomnoj oblasti Azerbajdžanskoj SSR, S. 92.

3.3.3 Kritik an der getroffenen Entscheidung

Dem Sitzungsprotokoll nach hat das Gremium zunächst über die staatsrechtliche Zugehörigkeit des Gebiets abgestimmt und entschieden, dass Berg-Karabach im Staatsverband Aserbaidschans belassen wird. Von großer Bedeutung ist hier das benutzte Verbum „ostawit'", in deutscher Übersetzung heißt das „lassen" bzw. „bestehen lassen". Im Widerspruch zu dem klaren Bedeutungsgehalt des Wortes wird in zahlreichen Beiträgen die Aussage verfälscht, in der deutschen Übersetzung etwa von „übergeben" oder „Übergabe"[264] des Gebiets an Aserbaidschan gesprochen, womit der Eindruck erweckt wird, das Kaukasusbüro habe seinerzeit die Hoheitsgewalt über Berg-Karabach erst auf Aserbaidschan – wohl doch von Armenien – übertragen. Gerade armenische Autoren halten sich vielfach nicht an den Wortlaut des Protokolls,[265] der unmissverständlich zum Ausdruck bringt, dass man mit der Zuordnung von Berg-Karabach zu Aserbaidschan einen Rechtszustand „bestehen lassen" wolle.

Von einer „Übergabe" des Gebiets an Aserbaidschan ausgehend wird dann die Forderung nach einer „Wiedervereinigung" von Berg-Karabach mit dem armenischen Staat erhoben.[266] *Altstadt* hat das mit deutlichen Worten kommentiert: „…the oft-repeated phrase about ‚reunification' of Karabagh to Armenia is somewhat curious."[267] In der Tat ist dieser Anspruch weit hergeholt. Armenien als moderner Staat ist im Jahre 1918 entstanden. Davor hat es seit dem Ende des Königreichs von Kilikien im Jahre 1375 kein eigenständiges Staatswesen der Armenier mehr gegeben. Die politischen, ökonomischen und ethnisch-kulturellen Gegebenheiten des ganzen Raumes sind im Verlauf der Jahrhunderte großen Veränderungen unterzogen worden. Das Schlagwort von der „Wiedervereinigung" verleugnet das.

Man wird den Mitgliedern des Kaukasusbüros nicht absprechen wollen, dass ihnen die Wahrung des Friedens zwischen beiden Volksgruppen ein wirkliches Anliegen war. Sicherlich war in der propagandistischen Sprache

---

[264] So z.B. Soljan, Suren: Entstehungsgeschichte und aktuelle Probleme des Karabach-Konflikts, S. 149.
[265] Zu den Ausnahmen zählt Shahen Avakian, der besagten Passus wie folgt übersetzt: „Proceedings from the necessity of establishing peace between Muslims and Armenians… leave Nagorno-Karabagh in the Azerbaijan SSR…" (Nagorno-Karabagh. Legal Aspects, S. 7). Auch Claude Mutafian übersetzt korrekt ins Englische: „…Mountainous Karabagh is left within the borders of Azerbaijan…", den Gebrauch des Wortes „left" bezeichnet er als „odd" [seltsam] (Karabagh in the Twentieth Century, S. 136).
[266] Vgl. Soljan, a. a. O., S. 150.
[267] Vgl. Altstadt, Audrey L.: Nagorno-Karabagh – „Apple of Discord" in the Azerbaijan SSR, S. 69.

der Kommunisten in jenen Jahren häufig die Rede vom Frieden. Aber das Wort wird hier nicht als bloße Floskel Eingang in das Protokoll gefunden haben; die gerade erst etablierte Sowjetmacht im Südkaukasus brauchte den inneren und äußeren Frieden dringend, um ihre Herrschaft zu konsolidieren und ihr politisches Vorhaben, die bisherigen gesellschaftlichen Verhältnisse tiefgreifend zu verändern, möglichst effektiv umsetzen zu können.

Der Verweis auf die wirtschaftlichen Bindungen zwischen den Berg- und Talgebieten von Karabach sowie zwischen Berg-Karabach und Aserbaidschan insgesamt entsprach den tatsächlichen Gegebenheiten. Wie bereits erwähnt hatte auch die Führung in Baku erst wenige Tage zuvor darauf hingewiesen, dass Berg-Karabach wirtschaftlich zu Aserbaidschan gehöre. Von dem Bolschewiken *Armenak Karakozow*, späterhin erster Chef des Exekutivkomitees des Autonomiegebiets Berg-Karabach, ist die Aussage überliefert: „Karabach ist ökonomisch eng mit Aserbaidschan verbunden, deshalb bleibt es, gesondert in einem Autonomiegebiet, im Bestand der ASSR [Aserbaidschanischen Sozialistischen Sowjetrepublik]."[268] Diese Verflechtung war eine Tatsache, die in der Literatur auch nur von wenigen in Frage gestellt worden ist.[269]

Überdies boten die politischen und sozio-ökonomischen Verhältnisse Armeniens in dieser Zeit wenig Möglichkeiten, nachbarschaftliche Wirtschaftsbeziehungen aufzubauen und zu entfalten. Der Weltkrieg mit seinen Folgen und die Machtübernahme durch die Bolschewiken hatten den transkaukasischen Völkern Elend und wirtschaftlichen Niedergang gebracht. Besonders schwierig war die Lage in der Republik Armenien, wo gegen Ende des Jahres 1920 eine Hungersnot ausbrach.[270]

Die Erhaltung der bestehenden Wirtschaftsräume hatte aus naheliegenden Gründen einen herausragenden Stellenwert. Nicht zuletzt deshalb verfügte das Kaukasusbüro Anfang Juli 1921, dass für die Nomaden, deren „gesellschaftliches Sein" im ideologischen Bezugsrahmen der Kommunisten eigentlich keinen Platz hatte, der Zugang zu den Weiden unabhängig von den Grenzziehungen im sowjetischen Transkaukasus möglich bleiben müsse.[271] So konnten die muslimischen Halbnomaden, die regelmäßig im Sommer die heißen und ausgetrockneten Täler Karabachs mit ihrem Vieh verließen, weiterhin ihre Weideplätze in den gebirgigen Regionen Karabachs aufsuchen.

---

[268] Vgl. Gulijew, a. a. O., S. 155.
[269] Bestritten wird sie etwa von Mutafian, Claude: Karabagh in the Twentieth Century, S. 136.
[270] Vgl. Dschafarow, a. a. O., S. 124.
[271] Vgl. Baberowski, a. a. O., S. 253f.

Die Verkehrsinfrastruktur eines Gebiets ist in der Regel ein Spiegelbild der ökonomischen Verflechtungen. Von Karabach aus führten Überlandwege in die angrenzenden aserbaidschanischen Gebiete in nördlicher und östlicher Richtung, weil dorthin wirtschaftliche Beziehungen bestanden. Von armenischer Seite wird behauptet, die Verkehrsführung dorthin sei „künstlich" so angelegt worden, mithin allein Ausdruck eines entsprechenden politischen Willens gewesen.[272] Diese Auffassung ist unbegründet; nicht der Wille sondern die Geographie des Raumes setzte die Bedingungen der Wegeführung und der wirtschaftlichen Bindungen. Nach Westen hin, in Richtung auf den Sewansee und Zangezur erschwert gebirgiges Gelände mit teilweise hohen Bergketten die verkehrstechnische Erschließung ganz erheblich.[273] Es gab keinen direkten Weg zwischen Armenien und Karabach, der geeignet für den Transport mit Karren gewesen wäre. Große Umwege über georgisches Territorium oder über Nachitschewan waren dafür notwendig.[274] Die fehlenden Verkehrsverbindungen mit Armenien waren für sich gesehen schon Begründung genug dafür, dass die bestehende Anbindung Karabachs an das aserbaidschanische Umfeld aufrecht erhalten werden musste.

Der Kommandeur der britischen Besatzungsmacht in Aserbaidschan nach dem Ersten Weltkrieg hatte den Rückzug armenischer Truppen aus Berg-Karabach erzwungen und für eine aserbaidschanische Verwaltung des Gebiets angesichts seiner geographischen, wirtschaftlichen und verkehrstechnischen Verbundenheit mit Aserbaidschan gesorgt.[275] Im Januar 1919 billigte er die Einsetzung von *Chosrow Sultanow* als Generalgouverneur und Repräsentanten der aserbaidschanischen Regierung in Karabach,[276] dessen Autorität von den Armeniern Karabachs allerdings nur für kurze Zeit anerkannt wurde.

Schließlich sei noch erwähnt, dass die Zugehörigkeit von Berg-Karabach zu Aserbaidschan aus ethnischen Gründen naheliegend war. Noch im 19. Jahrhundert und bis in den Ersten Weltkrieg hinein bildete die musli-

---

[272] Vgl. Sarkisjan, S. T.: Enciklopedija Arcach-Karabacha (Enzyklopädie von Arzach-Karabach), S. 331.
[273] Offenkundig sind während der ganzen Sowjetzeit die verkehrsstrukturellen Defizite zwischen Berg-Karabach und Jerewan nie wirklich behoben worden (vgl. P. L. Dash: Nationalities Problem in USSR, S. 72).
[274] Vgl. Saparov, Arsène: Why Autonomy? The Making of Nagorno-Karabakh Autonomous Region 1918-1925, S. 321.
[275] Vgl. Swietochowski, Tadeusz: Der Streit um Berg-Karabach. Geographie, ethnische Gliederung und Kolonialismus, S. 164f.
[276] Dschafarow, a. a. O., S. 81.

mische Bevölkerung die Mehrheit von Berg-Karabach.[277] Aber für die Bolschewiken war die ethnische Zusammensetzung des Gebiets von nachrangiger Bedeutung. Man kann der Aussage von *Jacoby* durchaus beipflichten, der mit Gewissheit davon ausgeht, „dass es bei keiner der Entscheidungen Moskaus strategisch darum ging, die nationalen Aspirationen irgendeines Staates oder irgendeines Ethnos zu befriedigen."[278] Ohnehin würden nach der marxistischen Lehre die Nationen im Kommunismus miteinander verschmelzen und damit ethnisch-nationale Antagonismen aufgehoben sein. In diesem Zusammenhang sei auf die bezeichnende Tatsache hingewiesen, dass nach Gründung der Sowjetunion im Jahre 1922 das Volkskommissariat für die Nationalitäten in Russland nicht auf Unionsebene fortgeführt, sondern schlicht aufgelöst wurde. Der Bürgerkrieg war für die russischen Kommunisten gewonnen und ihre Macht gesichert, der Separatismus weitgehend besiegt. Es bedurfte dieses Ressorts nicht mehr; Sowjetföderalismus und Korenizacija sollten die politischen Garanten sein für die gleichberechtigte Stellung aller Völker und ihre allseitige Entwicklung im sozialistischen Staat.[279]

3.3.4 Kritik an Akteuren: Stalin und Narimanow

Immer wieder wird - namentlich von armenischer Seite - die Auffassung vertreten, die getroffene Entscheidung zu Berg-Karabach sei wesentlich auf *Stalins* Einfluss zurückzuführen. Die Armenier als Volk sind demnach frühe Opfer des späteren Diktators geworden.[280] Dieser habe, obwohl formal gar kein Stimmrecht im Kaukasusbüro, unter Mitwirkung von *Narimanow* und unter Missachtung der Prinzipien *Lenin'scher* Nationalitätenpolitik die Entscheidung durchgesetzt.[281] Damit wird dem Georgier schon für den Sommer 1921 eine erhebliche Machtposition zuerkannt. Zweifellos gehörte *Stalin* damals zu *Lenins* engstem Führungskreis, er war Mitglied in den Leitungsgremien von Partei und Staat. Aber was die politische Machtposition anbetraf war er noch einer unter anderen Führungsfunktionären, geschwächt durch die ersten schweren Auseinandersetzungen mit *Trockij* und verschiedenen „Abweichlern". *Stalin* wurde im April 1922 Generalsekretär der Partei, erst nach seiner Amtsübernahme erhielt die Funktion des verantwortli-

---

[277] S. dazu Kapitel 3.3.1.
[278] Jacoby, a. a. O., S. 75.
[279] Vgl. Simon, Gerhard: Nationalismus und Nationalitätenpolitik in der Sowjetunion, S. 158.
[280] Vgl. Gasanly, Džamil': Narodnyj Karabach: staryje zabluždenija w nowoj interpretacii [Berg-Karabach: alte Irrtümer in neuer Interpretation], S. 2.
[281] Vgl. Kohrs, a. a. O., S. 55.

chen Sekretärs sukzessive zentrale politische Bedeutung. Seine unumschränkte Machtposition sollte Stalin erst am Ende des Jahrzehnts erreichen.

Von der Behauptung ausgehend, *Stalin* habe auch ohne Stimmrecht eine herausragende Rolle gespielt, gibt es eine Reihe von Spekulationen über die Motive, die ihn zu seinem Votum veranlasst haben könnten. So ist die Rede davon, er habe auf diese Weise die Armenier für einen Aufstand der Daschnaken gegen die Bolschewiken im Frühjahr 1921 „bestrafen" wollen.[282] Eine Begründung dafür gibt es nicht, es handelt sich um eine reine Vermutung. Vertreten wird auch die Ansicht, *Stalin* habe die Zugehörigkeit Berg-Karabachs zum muslimischen Aserbaidschan gewollt, um mit einer solchen Geste des guten Willens die revolutionären Bestrebungen der Jungtürken zu unterstützen.[283] Angesichts der politischen Vorstellungen der Jungtürken einschließlich ihres turanistischen Gedankenguts ist das abwegig. Im März 1921 hatte Sowjetrussland einen Freundschaftsvertrag mit der Türkei abgeschlossen, der für die Entwicklung des bilateralen Verhältnisses auf staatlicher Ebene stand und auf der gemeinsamen Gegnerschaft zu den westlichen Siegermächten basierte, darüber hinaus gab es keine politische oder gar ideologische Brücke zwischen beiden Seiten. Man kann daher nicht davon ausgehen, dass *Stalin* und seine Genossen eine erhebliche Belastung des Verhältnisses zu den armenischen Kommunisten hingenommen haben, die mit der getroffenen Entscheidung unvermeidbar war, nur um eine positive Einstellung zur türkischen Regierung zu demonstrieren.

Näher liegender erscheint da schon die Überlegung, *Stalin* könnte die Entscheidung zugunsten des muslimischen Aserbaidschan als allgemeines Zeichen der Hinwendung zu den muslimischen Völkern des Orients gewollt haben. Diese für die Revolution zu gewinnen, war in den Reihen der Bolschewiken nach der Machtübernahme in Russland ein propagiertes Ziel. *Stalin* gehörte zu denen, die dem asiatischen Kontinent in den ersten Jahren nach der Oktoberrevolution strategisch besondere Bedeutung zumaßen.[284] Allerdings sahen sich die russischen Kommunisten Anfang des Jahres 1921 zu einem Umdenken gezwungen. Auf ihrem X. Parteitag Anfang März räumte *Lenin* freimütig ein, dass mit einem Sieg der Revolution im Weltmaßstab so bald nicht zu rechnen sei.[285] Hintergrund war vor allem die Enttäuschung über die Entwicklung in Deutschland; denn in diesem für die Erwartungen

---

[282] Vgl. Jacoby, ebenda.
[283] Vgl. Jacoby, ebenda.
[284] Vgl. Rauch, Georg v.: Geschichte der Sowjetunion, S. 170.
[285] Vgl. Rauch, a. a. O., S. 175.

der Kommunisten zentralen Land blieb der proletarische Umsturz aus. Man hatte erkennen müssen, dass ein Ende von Kapitalismus und Imperialismus nicht in Sicht war. Das politische Ziel, die Revolution über die eigenen Grenzen hinaus zu „exportieren", trat folglich in den Hintergrund.[286] Das galt auch für den Orient, zumal die Versuche Sowjetrusslands, im Iran Fuß zu fassen, Ende 1920 praktisch gescheitert waren. Anfang Juli 1921 war *Lenins* Position, nunmehr von der Komintern bestätigt, politisches Programm der Sowjets, so dass die Entscheidung des Kaukasusbüros gar nicht mehr von der Vorstellung beeinflusst gewesen sein dürfte, die russische Revolution müsse nun im Orient ihre Fortsetzung finden. Die Kommunisten in Baku wurden im August 1921 dann auch offiziell davon unterrichtet, dass auf eine Revolution im Orient vorerst zu verzichten sei.[287]

Außerdem wird gesagt, *Stalins* habe sich – seine dominierende Rolle im Entscheidungsprozess unterstellend – aus persönlicher Abneigung gegenüber den Armeniern als Volk gegen deren Interessen in der Karabach-Frage gestellt.[288] Mit Fakten lässt sich diese Behauptung nicht belegen. *Stalin* hat zwar deutlich gemacht, dass er sich Ansprüchen der armenischen Seite entgegengestellt, die er als „imperialistisch" betrachtete.[289] Im Übrigen aber war er alles Andere als armenophob; es gibt eine Reihe von Zeugnissen für seine ausgesprochen positive Einstellung zu Armenien bzw. den Armeniern. Schon in den frühen Jahren seiner politischen Tätigkeit war er, der Georgier mit christlichem Hintergrund, mit Armeniern eng verbunden. Einen nahen persönlichen Kontakt hatte er beispielsweise zu dem armenischen Bolschewiken *Suren Spandarjan*, den *Montefiore*, der Biograph des jungen *Stalin*, als besten Freund *Stalins* vorstellt.[290] Unter der Führung des Diktators hatten Armenier, wie auch Georgier, in mehrfacher Hinsicht eine privilegierte Stellung in der Sowjetunion. So waren sie in den Moskauer Führungsgremien der Kommunistischen Partei, in Relation zu ihrem zahlenmäßigen Anteil an der sow-

---

[286] Unabhängig von ihren weltrevolutionären Ambitionen waren die russischen Kommunisten auf der staatlichen Ebene schon früh darum bemüht, diplomatische Beziehungen mit dem Ausland zu pflegen. Für diese Politik stand der seit März 1918 mit der Leitung des Volkskommissariats für Äußeres betraute Georgij W. Tschitscherin. So hat Sowjetrussland im Februar 1921 Freundschaftsverträge mit dem Iran und Afghanistan abgeschlossen, im März folgte ein entsprechendes Abkommen mit der Türkei.
[287] Vgl. Baberowski, a. a. O., S. 250.
[288] Vgl. Mutafian, a. a. O., S. 137. M. spricht von Stalins "visceral Armenophobia" [eingefleischter Armenophobie] (ebenda).
[289] Vgl. Dschafarow, a. a. O., S. 130.
[290] Montefiore, Simon Sebag: Der junge Stalin, S. 320 (Anlage), 331 u.a.

jetischen Gesamtbevölkerung, in der Stalinzeit deutlich überrepräsentiert.[291] Bemerkenswert war auch die besondere Förderung des Bildungswesens in Armenien und Georgien. In Bildung und Ausbildung nahmen diese beiden Völker nach den Juden und vor den Russen eine Spitzenposition in der Sowjetunion ein.[292] *Stalin* zeigte sich mehrfach bereit, den besonderen Wünschen der armenischen Seite zu folgen, wobei er sich freilich im Rahmen übergeordneter politischer Ziele bewegte. So wurden im Zuge der sowjetischen Türkei-Politik nach dem Zweiten Weltkrieg großzügige Reise- und Emigrationsbestimmungen für Sowjet-Armenier erlassen. Der Diktator ließ sie in Länder außerhalb seines Herrschaftsbereichs reisen, und Tausende Auslandsarmenier konnten in die Sowjetrepublik Armenien übersiedeln.[293] Der stalinistische Terror dagegen kannte grundsätzlich keine ethnischen Unterschiede, der wütete in allen Sowjetvölkern unter Einschluss der jeweiligen kommunistischen Führungskader.

Nach der *Stalin'schen* Nationentheorie, die er 1913 entwickelt hat, konnte es keine nationale Zusammengehörigkeit der in Berg-Karabach und in Armenien lebenden ethnischen Armenier geben; es bestand kein gemeinsamer Wirtschaftsraum.[294] Die Frage lässt sich nicht beantworten, ob *Stalin* diesen Gesichtspunkt in der Sitzung eingebracht hat oder ob überhaupt auf dieser Ebene argumentiert wurde. In Quellen und Schrifttum gibt es keinen Beleg, der dafür sprechen würde. Diese und andere Lehrsätze *Stalins* haben erst in den Zeiten seiner Alleinherrschaft ihre herausragende Bedeutung erlangt.

Schließlich steht die Behauptung im Raum, *Narimanow* habe die ausschlaggebende Rolle in der Sitzung des Kaukasusbüros gespielt. Von ihm sei mit Unterstützung von *Stalin* und *Ordschonikidze* die Revision der Entscheidung vom Vortag erwirkt,[295] wenn nicht gar durch massiven Druck erzwungen worden. Er habe mit der Unterbrechung der Ölzufuhr für Armenien ge-

---

[291] Vgl. Simon, a. a. O., S. 46, 49f., 260.
[292] Vgl. Simon, a. a. O., S. 74, 150.
[293] Vgl. Auch, Eva-Maria: Die politische Entwicklung in Aserbaidschan, S. 155; Kipke, a.a.O., S. 47ff.; im Übrigen Kap. 3.3.8.1.
[294] Nach der Lehre Stalins ist eine Nation „eine historisch entstandene stabile Gemeinschaft von Menschen, entstanden auf der Grundlage der Gemeinschaft der Sprache, des Territoriums, des Wirtschaftslebens und der sich in der Gemeinschaft der Kultur offenbarenden psychischen Wesensart... Fehlt nur eines dieser Merkmale, so hört die Nation auf, eine Nation zu sein" (Stalin, Josef W.: Gesammelte Werke, Band 2, S. 272). Er geht ausdrücklich auf die Georgier ein, die nach seiner Auffassung früher - „zerfallen in eine ganze Anzahl voneinander getrennter Fürstentümer" - keine Nation bildeten, denn sie führten kein gemeinsames Wirtschaftsleben (S. 270f.).
[295] Vgl. Baberowski, a. a. O., S. 245.

droht, sollte die Entscheidung nicht in seinem Sinne fallen.[296] Es wird in diesem Zusammenhang eine Aussage vom Januar 1922 des damaligen armenischen Regierungschefs zitiert, wonach von aserbaidschanischer Seite gesagt worden sei: „Wenn Armenien Karabach verlangt, geben wir Armenien kein Kerosin mehr."[297] Diese Behauptung ist so in den Raum gestellt worden, einen authentischen Beleg dafür gibt es nicht. Es wäre sicherlich lebensfremd zu meinen, den Entscheidungsträgern im Kaukasusbüro sei die geostrategische Bedeutung des Öls von Baku für den Kaukasus und für ganz Sowjetrussland nicht (mehr) bewusst gewesen. Nur die Ölversorgung ließ sich von aserbaidschanischer Seite nicht als Druckmittel einsetzen, ein solcher Versuch *Narimanows* hätte scheitern müssen; ihm fehlten die Machtinstrumente, um einen Förder- oder Lieferstopp wirklich durchsetzen zu können. Transkaukasien stand zu jener Zeit schon unter dem „festen Griff der sowjetischen Macht", wie es *Swietochowski* formuliert.[298] Jeder Widerstand dagegen, zumal in einer so elementaren Frage für die wirtschaftliche Entwicklung, wäre zwecklos und für seine Protagonisten gefährlich gewesen.

3.3.5 Umsetzung des Autonomie-Beschlusses

Das Zentralkomitee der armenischen Kommunisten hat in einer Erklärung von Mitte Juli 1921 seine Unzufriedenheit mit der Entscheidung des Kaukasusbüros zum Ausdruck gebracht und seinerseits einen eigenen Vorschlag in der Autonomiefrage in Aussicht gestellt.[299] Zwar versicherte Jerewan gleichzeitig, dass die Entscheidung des Kaukasusbüros „mit Würde und loyal" aufgenommen worden sei,[300] aber der Unmut in der Partei war offenkundig beträchtlich. In Baku war die Enttäuschung über das Kaukasusbüro ebenfalls groß. Der Widerstand in den Reihen der aserbaidschanischen Kommunisten manifestierte sich schon in der zögerlichen Herangehensweise an die Verwirklichung der beschlossenen Autonomie. Es sollten mehrere Jahre vergehen, ehe das Projekt zu einem Abschluss gebracht werden konnte.

Zunächst versuchte die aserbaidschanische Führung noch, die Autonomie-Regelung überhaupt zu verhindern. Das Politbüro der Kommunistischen

---

[296] Vgl. Mutafian, a. a. O., S. 137.
[297] Vgl. Chudaverdjan, K. S.; Galojan, G. A. (Hrsg.): Nagornyj Karabach. Istoričeskaja sprawka [Berg-Karabach. Historische Auskunft], S. 33; Jacoby, a. a. O., S. 75.
[298] Vgl. Swietochowski, a. a. O., S. 168.
[299] Vgl. Mikajeljan, W. A. (Red.): Nagornyj Karabach w 1918 – 1923 gg. [Berg-Karabach in den Jahren 1918 – 1923], S. 651.
[300] Vgl. Saparov, a. a. O., S. 312.

Partei Aserbaidschans forderte im September 1921 das Kaukasusbüro auf, den entsprechenden Beschluss noch einmal zu überdenken, die Autonomie vorläufig nicht auszurufen und eine Spezielle Kommission zu bilden, um erst einmal die grundlegenden Fragen zu erörtern.[301] Knapp einen Monat später wartete diese Kommission mit einem Beschlusspapier auf, das zusammen mit kommunistischen Funktionären aus ganz Karabach erstellt worden war und den Betrachter zunächst verwundern muss. Danach, so scheint es, wurde die Lösung der Probleme von Karabach eher in der erfolgreichen Bekämpfung der allgemeinen Kriminalität durch drakonische Strafen als in der Befriedung ethnischer Konflikte gesehen.[302] Das „Banditentum" stellte in der Tat eine große Herausforderung für Staat und Gesellschaft dar. Räuberbanden gehörten seit Mitte des 19. Jahrhunderts zum Alltag in der Region und erlebten dort Mitte der 1920er Jahre eine Renaissance.[303] In einer abschließenden „Bemerkung" stellt die Kommission fest, dass die Konferenz der Karabacher Funktionäre es als unzweckmäßig erachte, Berg-Karabach in Form eines Autonomiegebiets eine Sonderstellung zu geben.[304]

Das Widerstreben in den Reihen der aserbaidschanischen Führung bezüglich der Autonomiefrage kam abermals zum Ausdruck, als man mit der Schaffung einer neuen Kommission im Oktober 1921 die Lösung des Problems weiter vor sich herschob. Dieses Gremium sollte die Grenzen des Autonomiegebiets festlegen, seine Arbeit blieb aber ohne praktisches Ergebnis. Ohnehin neigten die Genossen in Baku offenbar dazu, in der Kriminalitätsbekämpfung den Schlüssel zur Lösung der interethnischen Probleme zu sehen. Von dieser Warte aus gab es keine Notwendigkeit, den Armeniern in Karabach eine Autonomie zu gewähren.[305]

Im folgenden Jahr schaltete sich die kommunistische Führung in der Sowjetrepublik Armenien ein. Es galt nun, die grundsätzlichen Widerstände auf aserbaidschanischer Seite gegen das ganze Projekt zu überwinden. Wenn schon Berg-Karabach nicht Teil Armeniens werden konnte, so wollte man wenigstens die Autonomie des Gebiets zügig verwirklicht wissen. Anfang Juni 1922 richtete das Zentralkomitee der armenischen Kommunisten in Jerewan einen Appell an das Kaukasische Gebietskomitee, das Zakkrajkom (Zakawkazskij krajewoj komitet),[306] der die Aufforderung enthielt, die be-

---

[301] Vgl. Gulijew, a. a. O., S. 97.
[302] Vgl. Gulijew, a.a.O., S. 99ff.
[303] Vgl. Baberowski, a. a. O., S. 528.
[304] Vgl. Gulijew, a. a. O., S. 101.
[305] Vgl. Saparov, a. a. O., S. 314.
[306] Es handelte sich um die Nachfolgeinstitution des Kaukasusbüros.

schlossene Autonomie für Berg-Karabach nun auch tatsächlich zu gewähren. Bei seinem Vorgehen konnte das Zentralkomitee mit der Unterstützung der armenischen Genossen in Berg-Karabach rechnen, die aktive Befürworter des Autonomiegedankens waren und der armenischen Führung Hintergrundwissen über die Karabach-Politik Aserbaidschans zukommen ließen. Im Gegensatz dazu war die Autonomiefrage für die zahlreichen armenischen Bolschewiken in Baku bedeutungslos, sie standen ihr bestenfalls indifferent gegenüber.[307]

Die armenische Intervention blieb nicht ohne Wirkung. Einige Monate später, Ende Oktober 1922, forderte das Präsidium des Zakkrajkom die aserbaidschanischen Genossen auf, die Autonomie von Berg-Karabach nun endlich Wirklichkeit werden zu lassen. Es berief den (ethnischen) Armenier mit aserbaidschanischem Familiennamen, *Armenak Karaközow*, zum Vorsitzenden des Exekutivkomitees von Berg-Karabach.[308] Die Personalentscheidung sollte Druck auf Baku ausüben. Schon wenige Tage später kam das Präsidium des Zentralkomitees der Kommunistischen Partei Aserbaidschans der Aufforderung in der Weise nach, dass erneut eine Kommission gebildet wurde, die sich der Autonomiefrage annehmen sollte.[309] Offensichtlich hat aber auch diese keine nennenswerten Ergebnisse vorgelegt.[310]

Nun sah sich das Zakkrajkom zu weitergehenden Schritten veranlasst. Auf einer Sitzung Mitte Dezember 1922 wurde ein Beschluss gefasst, der den aserbaidschanischen Genossen die Schritte umriss, die nun zu gehen waren, um die Autonomie im Bergteil von Karabach zu verwirklichen. Dazu gehörte die – neuerliche - Bildung einer Zentralen Kommission mit drei Mitgliedern für die Angelegenheiten von Berg-Karabach sowie eines siebenköpfigen Komitees, das sich offenbar mit den konkreten Fragen der Machbarkeit und Gestaltung der Autonomie in Karabach befassen sollte.[311] Der Beschluss war im Ton nüchtern und verbindlich geblieben, das Zakkrajkom machte „Vorschläge". In der Sache handelte es sich um eine Intervention, die es an Deutlichkeit nicht fehlen ließ. Den Forderungen entsprechend wurden die beiden Gremien umgehend von der aserbaidschanischen Führung eingerichtet. Seit Anfang Januar 1923 existierte eine Zentrale Kommission für die Angelegenheiten von Berg-Karabach und das zugehörige Komitee.

---

[307] Vgl. Saparov, ebenda.
[308] Vgl. Gulijew, a. a. O., S. 127.
[309] Vgl. Gulijew, a. a. O., S. 128.
[310] Vgl. Saparov, a. a. O., S. 315.
[311] APRII-SSA, f. 1, s. 31, i. 186a / 2, v. 60; vgl. auch Gulijew, a.a.O., S. 132.

Die Gremien beschäftigten sich bald sechs Monate lang mit der Problematik des zu schaffenden Autonomiegebiets. Auf der Grundlage eines Arbeitsberichts, erstattet von Mitgliedern des Komitees, verpflichtete das Zakkrajkom am 27. Juni 1923 das Zentralkomitee der aserbaidschanischen Kommunisten dazu, innerhalb eines Monats den Autonomiestatus von Berg-Karabach zu verkünden.[312] Daraufhin hat man in Baku binnen weniger Tage die formellen Voraussetzungen für die Ausrufung der Autonomie geschaffen; die Richtlinien für ein entsprechendes Dekret wurden umgehend erstellt.

Am Ende hatte sich die aserbaidschanische Führung in das unabwendbare Schicksal fügen müssen, nachdem klar geworden war, dass alle politischen und praktischen Möglichkeiten des Widerstands gegen den oktroyierten Autonomiestatus für Berg-Karabach erschöpft waren. Und im Zakkrajkom wie in Moskau konnte man schon lange keinen Zweifel mehr daran haben, dass die Verantwortlichen in Baku nur mit größtem Widerwillen an die Verwirklichung einer armenischen Selbstverwaltung auf aserbaidschanischem Territorium herangingen. Daher dürfte in den folgenden Monaten auch niemand in den bolschewistischen Führungsorganen überrascht gewesen sein, dass die Aserbaidschaner ihre Opposition gegen das Projekt bei der Festlegung der Grenzen des Autonomiegebiets fortsetzten.

Am 07. Juli 1923 wurde das erwartete Dekret über die Bildung des Autonomen Gebiets von Berg-Karabach vom Zentralen Exekutivkomitee Aserbaidschans schließlich erlassen.[313] Die offizielle Bezeichnung des Gebiets nach dem historisch-geographischen Raum, in dem es sich befindet, mag zunächst erstaunen. Denn konstituierendes Element des bolschewistischen Föderalismus waren die Nationen und Nationalitäten, und die föderalen Gliedstaaten und Gebietseinheiten innerhalb des Gesamtstaates wurden in der Regel nach der jeweils dort lebenden, zahlenmäßig dominierenden Ethnie (Titularnation) benannt. Davon wich man ab, wenn eine solche Mehrheit nicht vorhanden war.[314] In Berg-Karabach gab es zum Zeitpunkt der Entscheidung eine armenische Bevölkerungsmehrheit. Das Votum fiel dennoch

---

[312] Guliew, a. a. O., S. 149.
[313] Dekret Azerbajdžanskogo Central'nogo Ispolnitel'nogo Komiteta Sowetow ot 7-go ijulja 1923 goda. Ob obrazowaniji „awtonomnoj oblasti Nagornogo Karabacha" [Dekret des Aserbaidschanischen Exekutivkomitees vom 07. Juli 1923. Bildung des „autonomen Gebiets von Berg-Karabach"]. Außer im offiziellen Gesetzesblatt wurde der Text auch in der Zeitung „Bakinskij Rabočij" in der Ausgabe vom 11. Juli 1923 veröffentlicht.
[314] Beispiele hierfür sind die 1921 gegründete, von zahlreichen Volksgruppen bewohnte Dagestanische Autonome Sozialistische Sowjetrepublik und die Autonome Sozialistische Sowjetische Berg-Republik, die von 1921 bis 1924 bestand und sechs nordkaukasische Völker (Tschetschenen, Inguschen, Osetten, Kabardiner, Balkaren und Karatschajer) beheimatete.

zugunsten einer „neutralen" geographischen Bezeichnung für das autonome Territorium aus. Die amtliche Bezeichnung lautete nach der Formulierung des genannten Dekrets: Awtonomnaja oblast' Nagornogo Karabacha (AONK) – Autonomes Gebiet Berg-Karabach.[315]

Es mag ein Zugeständnis oder auch nur der Verzicht auf eine unnötige Provokation gegenüber der aserbaidschanischen Seite gewesen sein, dass angesichts der oktroyierten Autonomie in Karabach auf jede ethnische Bezugnahme bei der Benennung des Autonomiegebiets verzichtet wurde. Das spätere sowjetische Schrifttum ist auf die Frage nicht eingegangen. Man legte offenbar Wert darauf, ganz allgemein von den Nationalitäten Berg-Karabachs zu sprechen.[316] Zweifellos hätte ein Hinweis auf die Armenier in der Gebietsbezeichnung („Armenisches Autonomes Gebiet") einen erheblichen Prestigegewinn für sie bedeutet.[317]

Das Dekret stellt zunächst in einer Art Präambel einen historischen Bezug her. In der kommunistischen Diktion der Zeit werden die Nationalitätenpolitik des zaristischen Russland allgemein angeklagt und das armenisch-muslimische „Gemetzel" (reznja) der Jahre 1905 bis 1906 im Transkaukasus als schlüssiger Beweis für die „verderbliche" Politik des großrussischen Absolutismus dargestellt. Dessen Handlanger hätten den Samen der Feindschaft gesät zwischen den beiden verwandten, historisch verbundenen Völkern der Armenier und der Muslime. Nicht minder vernichtend fällt das Urteil aus über Musawatisten, Daschnaken und Menschewiken, den „Lakaien des westlichen Kapitals", unter deren Verantwortung viel Blut der arbeitenden Bauernschaft in den Bergen von Karabach und in anderen Teilen des Transkaukasus vergossen worden sei. Zu den hauptsächlichen Aufgaben der Sowjetmacht erklärt das Exekutivkomitee die Beseitigung nationaler Unterdrückung und Ungleichheit sowie die Durchsetzung internationaler Solidarität anstelle von Feindschaft und Hass unter den Völkern.

In seinem regelnden Teil enthält das Dekret zunächst den Auftrag zur Durchführung einiger organisatorischer Maßnahmen:

---

[315] Die amtliche Bezeichnung für das Autonomiegebiet wurde nach der Annahme der sowjetischen Verfassung von 1936 geändert in „Berg-Karabacher Autonomes Gebiet". Die Änderung hatte keine politische Bedeutung (vgl. Niftalijew, Il'gar: Obrazowanije NKAO – jarkoje projawlenije bol'šewistskoj politiki national'no-gosudarstwennogo stroitel'stwa [Die Bildung des NKAO – eine markante Bekundung der bolschewistischen Politik des nationalstaatlichen Aufbaus], S. 22.). Sie folgte der Formulierung in Art. 24 der neuen Verfassung.
[316] Vgl. Azowkin, I. A. / Ijezuitow, W. M.: Nazrewšije woprosy prawowogo položenija awtonomnoj oblasti [Akut werdende Fragen der rechtlichen Stellung des Autonomiegebiets], S. 71.
[317] Vgl. Simon, a. a. O., S. 158.

- Bildung eines autonomen Gebiets aus dem armenischen Teil von Berg-Karabach als Bestandteil der Aserbaidschanischen Sozialistischen Sowjetrepublik (ASSR) mit dem Zentrum Chankendy;
-Bildung von Verwaltungsorganen des Autonomiegebiets: ein Gebietsexekutivkomitee und örtliche Sowjets;
- bis zur Bildung des Gebietsexekutivkomitees Einrichtung eines vorläufigen Revolutionskomitees, dem es obliegt, binnen zwei Monaten eine Sitzung der Sowjets zur Wahl des ständigen Exekutivorgans einzuberufen.

In Anschluss daran ist in den Text des Dekrets eine Anmerkung aufgenommen, die in keinem inhaltlichen Zusammenhang mit den vorangegangenen oder nachfolgenden Ausführungen steht, aber wohl politische Signalwirkung haben sollte:

Alle Weiden, Wälder, Gärten und die tatsächliche Verfügung über Boden und Wasser bleiben den derzeitigen Besitzern erhalten.

Es folgt eine Regelung zur Mittelausstattung:

- alle notwendigen finanziellen und technischen Mittel werden dem Gebietsexekutivkomitee aus den allgemeinen Mitteln der Sowjetrepublik Aserbaidschan bereitgestellt.

Abschließend werden Rechts- und Verwaltungsfragen sowie die heikle Problematik der Gebietsgrenzen angesprochen:

- zur Ausarbeitung einer Rechtssatzung (poloschenije) für das Gebiet und zur faktischen Übergabe der Verwaltungszuständigkeiten an die Autonomiebehörden sowie zur Festlegung der Grenzen des Autonomiegebiets ist eine gemischte Kommission einzusetzen, bestehend aus Repräsentanten aus Berg-Karabach, Nieder-Karabach, Kurdistan und der zentralen Staatsgewalt Aserbaidschans.[318] Die Kommission wird verpflichtet, ihre Arbeit bis zum 15. August 1923 abzuschließen.

---

[318] Bemerkenswert an der Zusammensetzung der Kommission war die Beteiligung von Kurdistan. Es handelte sich dabei um den Kurdischen Kreis (Kurdistanskij ujezd), der am 21. Juli 1923, zwei Wochen nach Erlass des Karabach-Dekrets, im Landkorridor zwischen Berg-Karabach und der Sowjetrepublik Armenien geschaffen worden ist (vgl. Gulijew, a. a. O., S. 157). Der Kreis hatte sein Verwaltungszentrum in der Siedlung Latschin. Von einem Autonomie-Status konnte in diesem Fall nicht die Rede sein.

Letztlich war unter dem Druck des Zakkrajkom eine hastige Entscheidung zustande gekommen, und die kaukasische Führung der Bolschewiken drängte weiterhin auf Eile. Der gemischten Kommission blieben nur wenige Wochen, in denen sie in allen genannten Punkten zu Ergebnissen kommen musste. Es dürfte den beteiligten Akteuren klar gewesen resp. binnen kurzer Zeit klar geworden sein, dass dieses ehrgeizige Ziel nicht zu erreichen war. Insbesondere die Frage der Grenzen des Autonomiegebiets barg noch erheblichen Konfliktstoff. Der deutete sich schon in der Formulierung des Dekrets an, dass nämlich (nur) dem „armenischen Teil von Berg-Karabach" der Autonomiestatus zu gewähren sei. Die Entscheidung des Kaukasusbüros vom 05. Juli 1921 hatte sich noch auf Berg-Karabach insgesamt und damit auf seine Gesamtbevölkerung bezogen. Angesichts der ethnischen Gemengelage in der Region stand man notgedrungen vor großen Schwierigkeiten, wollte man bei der territorialen Aufteilung unter dem Gesichtspunkt der ethnischen Zugehörigkeit genau vorgehen. Die politischen und tatsächlichen Gegebenheiten

---

Aus den Reihen des Kreis-Exekutivkomitees wurden während des Verhandlungsprozesses über die Grenzen des Karabacher Autonomiegebiets öffentlich territoriale Wünsche angemeldet. So schlug der Vorsitzende im September 1923 in einem Zeitungsbeitrag vor, die Stadt Schuscha, vom Kaukasusbüro in seiner Entscheidung vom Juli 1921 vorgesehen als administrativer Mittelpunkt von Berg-Karabach, zum Zentrum des Kurdischen Kreises zu machen und begründete dieses mit dem Mangel an Wasser in Latschin (vgl. Saparov, a. a. O., S. 318). Das Kreisgebiet war ärmlich, die Menschen dort hatten gerade erst eine Hungersnot durchgemacht. Angesichts der katastrophalen Lage wurden von der aserbaidschanischen Regierung noch im November 1921 Maßnahmen ergriffen, um im Rahmen ihrer Möglichkeiten das Elend zu lindern. Das Leben der Menschen blieb auch in den folgenden Jahren von Not geprägt (vgl. Lazarew, M.S./ Mgoi, Š. Ch. (Hrsg.): Istorija Kurdistana [Geschichte Kurdistans], S. 305f.). Das „Rote Kurdistan" hatte seinerzeit gut 50.000 Einwohner, von denen allerdings nur etwa ein Zehntel zur kurdischen Volksgruppe (im engeren Sinne) gehörte (vgl. Baberowski, a. a. O., S. 340). Die Mehrheit bestand aus Aserbaidschanern und solchen Kurden, die sich assimiliert hatten und nur Aserbaidschanisch sprechen konnten.
Angesichts dieser Fakten stellt sich die Frage nach der politischen Begründung für die Kurdenkreis. Womöglich sollte die armenische Seite beschwichtigt werden, in dem dieses Gebiet, das in den Jahren zuvor noch Gegenstand territorialer Forderungen Armeniens war, zumindest symbolisch einen besonderen Status erhielt. Im Übrigen eröffnete sich für die russischen Kommunisten damit eine zusätzliche Möglichkeit, politischen Druck auszuüben. Der Führung Aserbaidschans wurde auf diese Weise ihre Verpflichtung zur Loyalität mit Moskau und dem sowjetischen System vor Augen geführt. Berg-Karabach und auch das „Rote Kurdistan", freilich Territorien mit formell unterschiedlichem Status, konnten als Hoheitsgebiet von Aserbaidschan so leichter zur Disposition gestellt werden, sollte Baku Zweifel an seiner Gefolgschaft aufkommen lassen (vgl. Babajan, Dawid: Krasnyj Kurdistan: Geopolitičeskije aspekty sozdanija i uprazdnenija [Rotes Kurdistan: Geopolitische Aspekte der Bildung und Auflösung], S. 122, 136). Mit der vollständigen Konsolidierung ihrer Macht im Südkaukasus im Laufe der 1920er Jahre waren solche Überlegungen für die Kommunistische Partei der Sowjetunion hinfällig geworden, so dass für den Fortbestand des Kurdischen Kreises keine Veranlassung mehr bestand. Er wurde im April 1929 im Zuge einer Verwaltungsreform aufgelöst (vgl. Müller, Daniel: Sowjetische Nationalitätenpolitik in Transkaukasien 1920-1953, S. 230f.).

ließen gar nichts anderes erwarten als eine penible Auseinandersetzung auch um kleine Landstriche.

3.3.6 Streit um die Grenzen des Autonomiegebiets

Die besagte Kommission hat ihre Arbeit offenbar umgehend aufgenommen und noch im Juli 1923 einen Plan für die zukünftigen Grenzen des Autonomiegebiets vorgelegt.[319] Danach umfasste es ein Territorium mit über 170 armenischen und aserbaidschanischen Siedlungen.[320] Gegen diesen Entwurf erhob sich Widerspruch auf armenischer Seite.[321] Der Plan hatte einige armenische Dörfer am Rande von Berg-Karabach und vor allem die Stadt Schuscha, die zu der Zeit - ebenso wie die umliegenden Dörfer - überwiegend von Aserbaidschanern bewohnt war, nicht in das Autonomiegebiet einbezogen.

Umstritten waren auch einige Gebiete an der östlichen Peripherie von Karabach, bezeichnet als Skobolewskoje obschtschestwo und Chonaschen, wo „herrenloses" Land zur Verfügung stand. Hier hatten sich früher russische Bauern angesiedelt, die wegen gewaltsamer Auseinandersetzungen mit Muslimen in den vorausgegangenen Jahren geflohen waren. Geographisch gehörte das Land eher zu Nieder-Karabach, wurde aber von den Armeniern in Berg-Karabach wegen der fehlenden Ackerflächen in der gebirgigen Region beansprucht. Die aserbaidschanische Regierung sah sich nun nach der armenischen Demarche gezwungen, dem Beschluss des Kaukasusbüros zu folgen und die Stadt Schuscha in das Autonomiegebiet einzubeziehen, dem auch das Territorium Skobolewskoje obschtschestwo zugeschlagen wurde.[322] Im November 1923 folgte die Entscheidung über das Gebiet Chonaschen. Den kleineren Teil davon hat man offenbar auf Berg-Karabach übertragen.[323] Die Parteiführung in Baku war sich der Tatsache bewusst, dass die ganze Entwicklung zu wachsendem Unmut in der Bevölkerung führen konnte. Sie beschloss daher, in der aserbaidschanischen Öffentlichkeit für eine armenische Autonomie in den Bergen Karabachs zu werben.[324] Die Menschen statt-

---

[319] Die Entwicklungen in der Frage der Grenzziehung sind ausführlich dokumentiert bei Saparov, a. a. O., S. 317ff.
[320] Vgl. Guliew, a.a.O., S. 164f. Das Kommissions-Protokoll spricht von armenischen und türkischen, nicht von aserbaidschanischen oder muslimischen Siedlungen.
[321] Vgl. Saparov, a.a.O., S. 317.
[322] Vgl. Gulijew, a. a. O., S. 157.
[323] Vgl. Saparov, a. a. O., S. 318.
[324] Vgl. Gulijew, a. a. O., S. 191.

dessen in den Widerstand der Partei gegen das Projekt einzubeziehen, war für die Genossen offensichtlich keine Handlungsoption.

Die ersten Monate des Jahres 1924 zeigten, dass die Problematik der Grenzen immer noch nicht gelöst war. Eine Lösung zur allseitigen Zufriedenheit konnte nun niemand mehr erwarten. Bestenfalls ging es noch um einen Kompromiss, der bei allen Beteiligten zumindest Akzeptanz finden würde. Man suchte abermals sein Heil in der Gründung einer neuen Kommission, die der bisherigen Grenzkommission nachfolgte. Dem neuen Ausschuss, Mitte April 1924 etabliert, wurde eine Frist bis zum 01. Mai 1924 gesetzt, in der die administrativen Grenzen des Autonomiegebiets endgültig festlegt werden sollten.[325] Im Juni war er dann noch mit letzten Einzelheiten befasst. Am 26. November 1924 wurde schließlich das „poloschenije", die rechtliche Satzung für das Autonomiegebiet Berg-Karabach als Beilage der Zeitung „Bakinskij Rabotschij" veröffentlicht.[326] Sie macht auch Angaben zum territorialen Bestand und damit zu den Grenzen des Autonomiegebiets. Genannt wurden rund 200 zugehörige Ortschaften, einschließlich der Stadt Schuscha. Das Autonomiegebiet Berg-Karabach, das nun unter dem Kürzel „AONK" in die öffentliche Wahrnehmung einging, ist im Wesentlichen aus einem Teil des historischen Karabach und einem kleinen Gebietsteil von Kubatli, der früher zu Zangezur gehörte, gebildet worden.[327] Mit der Sowjetrepublik Armenien hatte das Gebiet keine gemeinsame Grenze; zwischen ihm und der armenisch-aserbaidschanischen Landesgrenze lag noch ein schmaler Korridor aserbaidschanischen Hoheitsgebiets.

Im Jahre 1925 erschien dann eine veränderte Darstellung der Grenzen, und auch in den folgenden Jahren und Jahrzehnten gab es noch manche Korrektur.[328] Es bleibt nach alledem der Eindruck haften, dass der territoriale Bestand des Autonomiegebiets womöglich nie genau und mit zwingender Verbindlichkeit festgelegt wurde. Die Vermutung wird bestärkt durch die Tatsache, auf die *Saporov* hinweist, dass der erste sowjetische Atlas, erschienen im Jahre 1928, Karten der Sowjetrepubliken Armenien und Aserbaidschan enthält, in denen der Grenzverlauf des Autonomiegebiets unterschiedlich dargestellt ist.[329]

---

[325] Vgl. Gulijew, a. a. O., S. 237.
[326] Prawitel'stwennyj Westnik, in: Bakinskij Rabočij, 26. November 1924, S. 2.
[327] APRII-SSA, f. 1, s. 31, i. 186a, v. 63-64.
[328] Vgl. Saparov, a. a. O., S. 319.
[329] Saparov, a.a.O., S. 317.

Grenzen des Autonomiegebiets Berg-Karabach

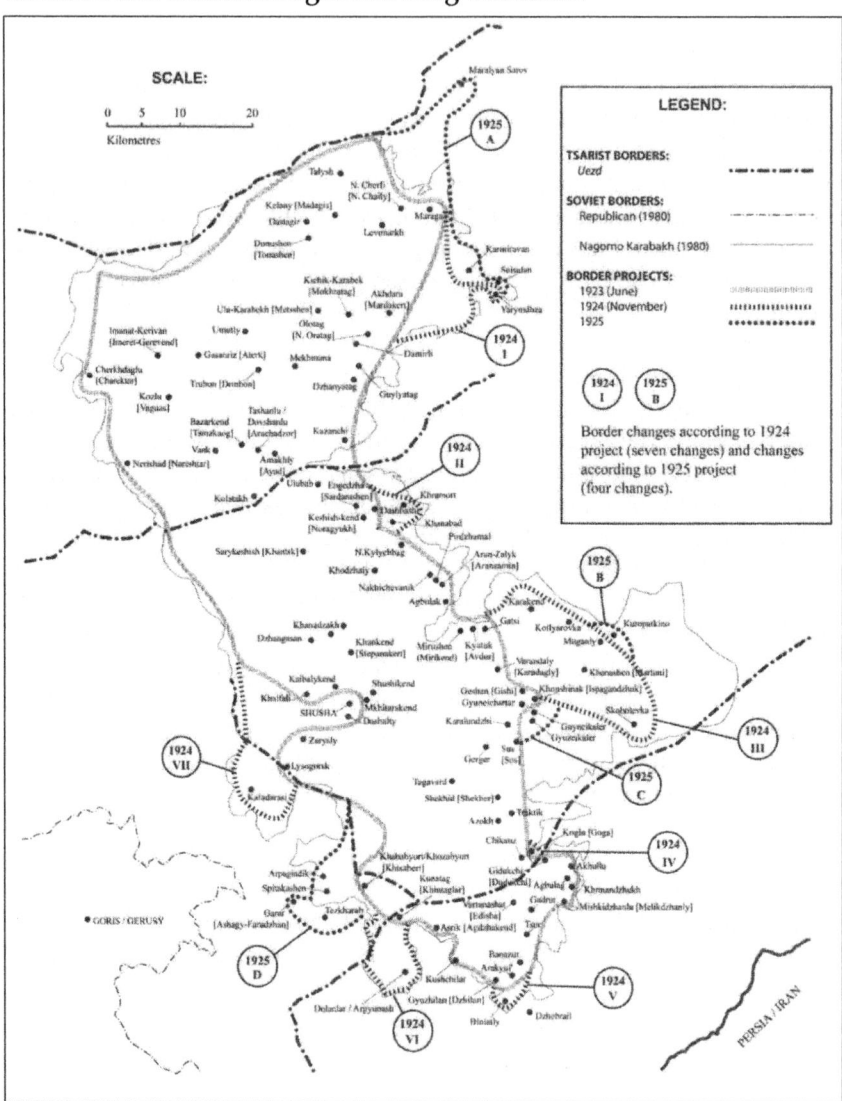

Quelle: Saparov, Arsène: Why Autonomy? The Making of Nagorno-Karabakh Autonomous Region 1918-1925, S. 316.

3.3.7 Stellung und politische Ordnung des Autonomiegebiets

Die rechtliche Grundordnung des Autonomiegebiets ist mehrfach im Zentralkomitee der Partei diskutiert worden. Dabei stand auch die Frage nach einer Verfassung im Raum.[330] Dieses auf den ersten Blick formelle Problem hatte durchaus politische Bedeutung. Mit der Verabschiedung einer Verfassung für Berg-Karabach wäre zumindest der Anschein erweckt worden, das Autonomiegebiet habe einen höheren Rang, nämlich den eines Staates. Die Qualität von Staatlichkeit für das Gebiet hätte Gleichrangigkeit mit den anderen staatlichen Subjekten der Sowjetunion bedeutet. Das wäre der Königsweg für diejenigen auf armenischer Seite gewesen, die 1923 den Wunsch nach einem unmittelbaren Beitritt des Autonomiegebiets zur Transkaukasischen Föderativen Sowjetrepublik vorbrachten.[331] Für eine derartige Aufwertung des Gebiets gab es jedoch keinen Raum. Neben der Sowjetunion als Zentralstaat kam nur den Sowjetrepubliken und schließlich den Autonomen Sowjetrepubliken Staatscharakter zu. Die nachgeordneten Autonomen Gebiete hatten lediglich die Qualität von national-territorialen bzw. nationaladministrativen Einheiten.[332] Sie erhielten eine Satzung als rechtliche Grundlage. Im späteren sowjetischen Schrifttum war man bemüht, die Satzungsgebung als einen Akt von konstitutioneller Bedeutung zu sehen,[333] wodurch jedoch die verfassungsrechtliche Stellung dieser Territorien nicht in Frage gestellt wurde.

Die im November 1924 publizierte Satzung von Berg-Karabach macht verschiedene Aussagen zu den politischen Grundlagen der Autonomie. Darin wird zunächst festgestellt, dass Berg-Karabach als Autonomiegebiet Bestandteil der Aserbaidschanischen Sowjetrepublik ist. Außerdem wird eine Regelung zum Sprachgebrauch im öffentlichen Leben getroffen: In jedem Schriftverkehr, im Gerichtswesen und im Schulunterricht soll die jeweilige Muttersprache zur Anwendung kommen. Praktische Bedeutung hatte das für den Gebrauch der armenischen, aserbaidschanischen und russischen Sprache. Schließlich wird festgelegt, dass Vertreter des Autonomiegebiets in den staatlichen Organen Aserbaidschans nach dem Prinzip der Proportionalität mitwirken. Der politische Aufbau folgt ganz dem sowjetischen Muster: Der

---

[330] Vgl. Saparov, a.a.O., S.318f.
[331] Vgl. Soljan, a. a. O., S. 150.
[332] Vgl. Arnold, Jürgen: Die nationalen Gebietseinheiten der Sowjetunion, S. 44f.
[333] Vgl. Beyme, Klaus v.: Der Föderalismus in der Sowjetunion, S. 103.

Versammlung der Sowjets wird die höchste Macht in Berg-Karabach übertragen, es gibt ein Zentrales Exekutivkomitee und örtliche Sowjets. Mit der Schaffung des Autonomiegebiets ist also der Tatsache Rechnung getragen worden, dass in den Gebirgsregionen von Karabach eine armenische Minderheit lebte, die ganz überwiegend aus zugewanderten Armeniern und deren Nachkommen bestand. Unabhängig von allen politischen Widerständen in Baku gegen die Autonomie hatte man vor einer großen Herausforderung gestanden, sollte der Beschluss des Kaukasusbüros sinnvoll umgesetzt und in einer ethnisch durchmischten Region für die armenische Volksgruppe ein territorial-administrativer Sonderstatus in einem zusammenhängenden Gebiet gebildet werden. „Das Gesamtergebnis dieser territorialen Vereinbarungen", schreibt *Swietochowski* in Bezug auf Zangezur, Nachitschewan und Berg-Karabach, „war ein Schachbrettmuster, eine Bedingung, die für die Aussichten auf stabile Harmonie zwischen den Gruppen nichts Gutes verhieß. Aber der feste Griff der sowjetischen Macht schien zumindest sicherzustellen, dass der Antagonismus unter Kontrolle gehalten werden konnte."[334]

3.3.8 Die Erblast: anhaltender Konflikt um Berg-Karabach

Das interethnische Verhältnis zwischen Armeniern und Aserbaidschanern blieb vor dem Hintergrund der vorausgegangenen Geschichte während der ganzen Sowjetzeit gespannt. Jenseits der offiziellen sowjetischen Geschichtsschreibung, die das hohe Lied der „Brudervölker" sang und eine offene, von einer breiten Öffentlichkeit getragene Auseinandersetzung mit den „Altlasten" nicht zuließ, lebten im Bewusstsein der Menschen die alten Konflikte fort. Der oktroyierte Weg in die kommunistische Gesellschaft, der beide Völker in eine politische Schicksalsgemeinschaft zwang, hat das nicht wirklich zu ändern vermocht.

3.3.8.1 Territoriale Ansprüche in der Periode des Stalinismus

Territoriale Forderungen gegenüber „Brudervölkern" waren ein gefährliches Thema im innersowjetischen Diskurs der 1930er Jahre, in der Hochphase des stalin'schen Totalitarismus. Dennoch gab es sie von armenischer Seite. Es wird berichtet, dass der damalige Parteichef der armenischen Kommunisten

---

[334] Swietochowski, Tadeusz: Der Streit um Berg-Karabach, S. 168.

Arassi Chandschjan im Jahre 1936 anlässlich der Auflösung der Transkaukasischen Föderativen Sowjetrepublik Anspruch auf Berg-Karabach erhoben habe. Das soll einer der Gründe dafür gewesen sein, dass er von *Lawrentij P. Berija*, seinerzeit noch nicht auf dem Höhepunkt seiner politischen Karriere, höchstpersönlich erschossen worden sei.[335]

Nach dem Ende des Zweiten Weltkriegs waren die politischen Rahmenbedingungen günstiger für derartige Forderungen, jedenfalls für Armenien gegenüber Aserbaidschan. Im Herbst 1945 wandte sich nun der armenische Parteichef *Grigor Arutjunow* an seinen aserbaidschanischen Amtskollegen *Mir Dschafar Bagirow* mit der klaren Aufforderung, das Autonomiegebiet Berg-Karabach an die Sowjetrepublik Armenien abzutreten. Er verwies auf die armenische Bevölkerungsmehrheit in dem Gebiet und auf vielfältige Vorteile, die seiner Meinung nach mit einer Angliederung von Berg-Karabach an Armenien verbunden gewesen wären.[336] Der armenische Genosse befand sich in einer privilegierten Situation, die es zu nutzen galt. Zu jener Zeit umwarb *Stalin* die Armenier in besonderer Weise und kam ihren Interessen sehr entgegen. So machte er im Jahre 1945 den Weg frei für einen allgemeinen Kulturaustausch mit den Auslandsarmeniern. Sie erhielten das Angebot zur Übersiedlung in die Sowjetrepublik Armenien, dem in den Jahren 1946 bis 1949 etwa 90.000 Menschen, vornehmlich aus der Türkei und dem Iran, folgten.[337] Andererseits mussten über 50.000 Aserbaidschaner zwangsweise ihre Heimat in Armenien verlassen und wurden in Aserbaidschan angesiedelt.[338]

Auf der internationalen Ebene standen Gebietsforderungen zugunsten Armeniens auf der politischen Agenda Moskaus. Außenminister *Wjatscheslaw M. Molotow* und *Stalin* selbst hatten gleich nach Ende des Weltkriegs Ansprüche auf türkisches Staatsgebiet erhoben, das nach ihren Vorstellungen an Sowjetarmenien angeschlossen und von rückkehrwilligen Armeniern besiedelt werden sollte.[339] *Stalins* Bemühen, die Türkei politisch

---

[335] Vgl. Luchterhandt, Otto: Das Recht Berg-Karabaghs auf staatliche Unabhängigkeit aus völkerrechtlicher Sicht, S. 41; Simon, Gerhard: Die Unruhen in Armenien und Aserbaidschan, S. 43.
[336] ARPİİ-SSA, f. 1, s. 31, i. 186a (1), v. 7; vgl. Kipke, a. a. O., S. 50.
[337] Vgl. zu den Armeniern aus dem Iran ausführlich Malekian, Lina: The Mass Repatriation of the Armenians from Iran in 1946-1947.
[338] Vgl. Auch, Eva-Maria: Die politische Entwicklung in Aserbaidschan, S. 155. A. schreibt von 100.000 Menschen, die 1948 nach Aserbaidschan umgesiedelt wurden (ebenda); Kipke, a. a. O., S. 47ff.
[339] Molotow äußerte sich dementsprechend gegenüber seinem britischen Amtskollegen Mitte Juli 1945. Stalin bekräftigte die sowjetische Position wenige Tage später auf der Potsdamer Konferenz (vgl. Ministerstwo Inostrannych Del Sowetskogo Sojuza (Hrsg.): Sowetskij Sojuz na

unter Druck zu setzen, blieb aber erfolglos. Vielmehr bestärkte er damit die prowestlichen Kräfte in Ankara.[340]

Bagirow war sich der Haltung der sowjetischen Führung in den armenischen Angelegenheiten wohl bewusst, schließlich war er in seiner Stellung mit der Umsetzung der sowjetischen Politik im Mittleren- und Nahen Osten befasst. Er konnte sich unter diesen Umständen nicht mit einer schlichten Zurückweisung der armenischen Forderungen begnügen und sah sich deshalb zu einem wohl überlegten Schreiben veranlasst, in dem er aber das Anliegen seines armenischen Parteifreundes im Grunde genommen ablehnte. Zur Begründung seiner Position verwies er auf „hervorragende Leistungen" in Berg-Karabach als Bestandteil des sowjetischen Aserbaidschan und die personale Verbundenheit des Autonomiegebiets mit dem übrigen Aserbaidschan. Trotzdem bot er, gewissermaßen hilfsweise, einen Tausch des Autonomiegebiets (mit Ausnahme der Stadt Schuscha) gegen armenische Territorien an, in denen mehrheitlich Aserbaidschaner lebten.[341] Auf diesen Brief gab es aus Jerewan keine Antwort. Die sowjetische Führung äußerte sich ebenfalls nicht dazu – jedenfalls nicht öffentlich. Dafür hatte sie gute Gründe; denn die öffentliche Thematisierung innersowjetischer Grenzen barg einiges Konfliktpotenzial im Vielvölkerstaat. Mit dem Tod Stalins und den weltpolitischen Veränderungen in den Folgejahren verlor die südkaukasische Peripherie für die Moskauer Führung an strategischer Bedeutung. Die Karabach-Frage trat – vorübergehend – in den Hintergrund.

3.3.8.2 Konfliktebenen in der poststalinistischen Zeit

Die allgemeine Atmosphäre der innenpolitischen Entspannung und intellektuellen Liberalisierung, die mit der Entstalinisierung in der Sowjetunion einsetzte, war auch im Südkaukasus spürbar. Zu den neuen „Freiheiten" gehörte, dass nun die jeweilige nationale Geschichte – wenngleich in bescheidenem Rahmen – jenseits der offiziellen sowjetischen Historiographie thematisiert werden konnte. Daraufhin kam es Anfang der 1960er Jahre zu Differenzen im Geschichtsbild zwischen armenischen und aserbaidschanischen Historikern, die zu einem anhaltenden Streit führten. In aller Offenheit wurde

---

meždunarodnych konferencijach perioda Welikoj Otečestwennoj Wojny [Die Sowjetunion auf den internationalen Konferenzen zur Zeit des Großen Vaterländischen Krieges], S. 39f. und 158f.; vgl. Kipke, a. a. O., S. 45f.
[340] Die Türkei trat im Februar 1952 der NATO bei.
[341] ARPİİ-SSA, f. 1, s. 31, i. 186a (1), v. 8-12; vgl. Kipke, a. a. O., S. 51f.

nun die jeweilige nationale Geschichte politisch instrumentalisiert. Es ging (und geht) um die Frage, welches der beiden Völker autochthoner Bewohner des südostkaukasischen Raumes ist. Armenier und Aserbaidschaner nehmen dieses jeweils für sich in Anspruch unter Ausschluss des anderen und leiten daraus territoriale Ansprüche ab, so auf Berg-Karabach.[342] Die Debatten in dieser Frage sind politisch unfruchtbar. Und aus rechtlicher Sicht ist die Ethnogenese von Berg-Karabach ohne Belang, geht es um die staatliche Zugehörigkeit oder Selbständigkeit des Gebiets.[343]

Eine neue Richtung nahm die Auseinandersetzung um Berg-Karabach im selben Jahrzehnt mit ihrer Verlagerung auf die gesellschaftliche Ebene. Armenische Kreise haben sich wiederholt mit pauschalen Begründungen an die politische Führung in Moskau gewandt, um den Anschluss des Autonomiegebiets an die Sowjetrepublik Armenien zu erreichen. Dabei sind die Regierenden in Baku von den Petenten demonstrativ übergangen worden. Derartige Kampagnen hielten bis kurz vor dem Kollaps des Sowjetsystems an, in der Sache selbst blieben sie alle erfolglos. Von den zahlreichen Aktionen dieser Art sollen hier nur einige wenige erwähnt werden.

So sind armenische Kreise im Mai 1964 mit einer entsprechenden Petition vorstellig geworden, in der darüber Klage geführt wurde, dass die armenische Bevölkerung von Berg-Karabach in sozialer und wirtschaftlicher Hinsicht von den aserbaidschanischen Behörden dauerhaft benachteiligt und zudem die Übersiedlung von Armeniern nach Sowjetarmenien gefördert würde, um ihren Bevölkerungsanteil im Autonomiegebiet zu reduzieren.[344] Es gab keine offizielle Reaktion darauf und keine öffentliche Stellungnahme; das gehörte nicht zum politischen Stil der sowjetischen Organe.

Eine weitere Petition mit gleichem Inhalt wurde im September 1967 auf den Weg gebracht.[345] Offenbar sind den Karabach-Armeniern in diesem Fall auf informeller Ebene finanzielle Zusagen gemacht worden.[346] Die politische Führung in Baku schritt auf ihre Weise zur Tat, wenn auch erst nach geraumer Zeit. In den Jahren 1970 bis 1972 ließ die Partei fast das gesamte arme-

---

[342] Für die armenische Position vgl. Panossian, Razmik: The Armenians. From Kings and Priests to Merchants and Commissars, S. 262ff.; für den aserbaidschanischen Standpunkt vgl. Bunijatow, Zija: Azerbajdžan w VII-IX wekow [Aserbaidschan im 7.-9. Jahrhundert], S. 7ff. Vgl. auch Kohrs, a. a. O., S. 46ff.; Waal, Thomas de: Black Garden, S. 152ff.
[343] S. dazu Kap. 4.
[344] Vgl. Huttenbach, Henry R.: In support of Nagorno-Karabakh: Social components of the Armenian nationalist movement, S. 7.
[345] Vgl. Libaridian, Gerard J. (Hrsg.): The Karabagh file: documents and facts on the question of mountainous Karabagh, S. 47.
[346] Vgl. Kipke, a. a. O., S. 62.

nische Personal des Verwaltungs- und Justizapparats von Berg-Karabach entlassen. Nach offiziellen Angaben wurde den Betroffenen Vernachlässigung der Amtspflichten, Amtsmissbrauch oder Inkompetenz vorgeworfen.[347] Tatsächlich handelte es sich um einen Akt der Bestrafung. Damit sollten diejenigen zur Rechenschaft gezogen werden, die an der Initiative mitgewirkt oder ihre Durchführung einfach nur geduldet hatten.

Bekannt geworden ist weiterhin ein Schreiben armenischer Aktivisten vom Juni 1977, das von dem armenischen Schriftsteller *Sero Chansadjan* unterzeichnet wurde. Unter Hinweis auf seinen hohen armenischen Bevölkerungsanteil und seine „armenischen Schulen und Armenisch als Staatssprache" wird darin die Eingliederung von Berg-Karabach in die Sowjetrepublik Armenien verlangt.[348] In dieser Eingabe fehlt die Behauptung, die Karabach-Armenier würden vom aserbaidschanischen Staat sozial und wirtschaftlich benachteiligt.

Mit dem nahenden Zusammenbruch der Sowjetunion erhielt das nationale Selbstbewusstsein unter den sowjetischen Völkern weitere Schubkraft. Eine Folge war, dass die Armenier nun immer offener mit ihrer territorialen Forderung auftraten. Mehrere armenische Delegationen aus Berg-Karabach sind noch in Moskau vorstellig geworden und haben auf eine Entscheidung in ihrem Sinne gedrängt. Aus dem westlichen Ausland gingen entsprechende Memoranden von Armeniern ein.[349] Die kommunistische Führung blieb bei ihrem Kurs, allerdings wurden für das Autonomiegebiet abermals Finanzmittel zugesagt.[350]

3.3.8.3 Kritische Würdigung der Sezessionsbestrebungen

Die von *Chansadjan* verantwortete Eingabe eignete sich kaum dafür, die territorialen Forderungen der Armenier zu stützen. Der Verweis auf die armenischen Schulen und die Anerkennung des Armenischen als Staatssprache in Berg-Karabach war eher ein Beleg dafür, dass die Minderheitenrechte der Armenier im Autonomiegebiet gewahrt wurden. Der Vorwurf, die Migration von Armeniern in die Sowjetrepublik Armenien sei aus bevölkerungspolitischen Gründen bewusst unterstützt worden, mag in Einzelfällen zutreffend gewesen sein. Der Exodus von einer größeren Zahl von Armeniern lässt sich

---

[347] APRII-SSA, f. 1, s. 60, i. 25, v. 81-86.
[348] Vgl. Armenische Kolonie in Berlin (Hrsg.): Panzer gegen Perestrojka, S. 72.
[349] Vgl. Libaridian, a. a. O., S. 72ff.
[350] Vgl. Auch, Eva-Maria: „Ewiges Feuer" in Aserbaidschan, S. 5ff.

durch die Statistik nicht belegen. Lebten im Jahre 1959 rund 110.000 Armenier und etwa 18.000 Aserbaidschaner im Autonomiegebiet, so waren es 145.000 Armenier und 40.000 Aserbaidschaner im Jahre 1989.[351] Demnach hat sich bei gestiegener Gesamtzahl der Bewohner die Relation zwischen den beiden Ethnien in diesem Zeitraum nur moderat zugunsten der Aserbaidschaner verschoben, wobei sich die Entwicklung zu einem Teil durch die höhere Geburtenrate der muslimischen Bevölkerung erklärt.

Gewichtiger erscheint die Behauptung, die armenischen Bewohner von Berg-Karabach seien sozial und wirtschaftlich benachteiligt worden. Auch hier wird ein bewusstes und systematisches Verhalten der verantwortlichen Stellen Aserbaidschans unterstellt. Einen schlüssigen Beleg für die Behauptung gibt es nicht. Eine Schlechterstellung vor Ort ist nicht anzunehmen; denn im Autonomiegebiet saßen ethnische Armenier an den Schaltstellen der Macht und der Daseinsvorsorge. Denkbar wäre allenfalls eine Benachteiligung im Rahmen der Zentralverwaltungswirtschaft bei der Allokation von Ressourcen durch die Verantwortlichen in Baku. Aus dem vorliegenden statistischen Material lässt sich ein solcher Schluss jedoch nicht ziehen. Vielmehr kann man aufgrund der bekannten Fakten davon ausgehen, dass sich die Verantwortlichen in Aserbaidschan im Rahmen ihrer Möglichkeiten für die soziale und wirtschaftliche Entwicklung des Gebiets engagiert haben. Die politischen Kontroversen unter den Augen der Moskauer Führung hätten Baku auch gar keine andere Wahl gelassen, als die Entwicklung im Autonomiegebiet mit großer Aufmerksamkeit zu beobachten und zu fördern.[352] Die industrielle Produktion wuchs dort von 1940 bis 1962 um 241%. Bis dahin konnte auch die Zahl der Schulen, Krankenhäuser und Ärzte ganz erheblich gesteigert werden.[353] Die Wirtschaftskraft nahm in den folgenden Jahren weiter zu,[354] so dass die Bevölkerung von Berg-Karabach schließlich über ein vergleichsweise gutes Einkommen verfügen konnte. Es lag im Jahre 1986 um etwa 8,8% höher als im restlichen Aserbaidschan.[355] Eine vergleichende

---

[351] Vgl. Samed-zade, Zijad: Nagornyj Karabach: neizwestnaja prawda [Berg-Karabach: unbekannte Wahrheit], S. 31.
[352] Bezeichnend dafür ist u.a. das im Juni 1981 verabschiedete Gesetz der Sowjetrepublik Aserbaidschan über das Autonomiegebiet Berg-Karabach: Zakon Azerbajdžanskoj Sowetskoj Socialističeskoj Respubliki o Nagorno-Karabachskoj awtonomnoj oblasti, das ausführliche Bestimmungen zu den Kompetenzen des Sowjet von Berg-Karabach und seiner Arbeitsweise enthält.
[353] Vgl. Statističeskoje Uprawlenije Nagorno-Karabachskoj Awtonomnoj Oblasti Azerbajdžanskoj SSR (Hrsg.): Dostiženija sowetskogo Nagornogo Karabacha. Statističeskij sbornik [Die Errungenschaften des sowjetischen Berg-Karabach. Statistischer Sammelband], S. 7, 11.
[354] Vgl. Kipke, a. a. O., S. 64f.
[355] Vgl. Samed-zade, a. a. O., S. 15.

Statistik für 1987 weist aus, dass Berg-Karabach in zahlreichen sozialen Feldern besser ausgestattet war als das übrige Aserbaidschan und ebenfalls als Armenien. Das galt beispielsweise für die Zahl der Krankenhausbetten und den Personalbestand im mittleren medizinischen Dienst, dagegen war die Anzahl der Ärzte geringer. Einen guten Rang konnte das Autonomiegebiet im Bildungs- und Kulturwesen einnehmen. Führend war es schließlich in der Versorgung mit Wohnraum.[356] Insgesamt betrachtet waren die Lebensverhältnisse im Autonomiegebiet Berg-Karabach grundsätzlich vergleichbar mit denen in anderen Regionen des sowjetischen Südkaukasus.[357]

3.3.9 Krieg um Berg-Karabach

Den Beginn bewaffneter Auseinandersetzungen um Berg-Karabach in der Spätphase der Sowjetunion, die nach deren Zusammenbruch in regelrechte militärische Kampfhandlungen mündeten und zur Besetzung eines beträchtlichen Teils des aserbaidschanischen Staatsgebiets durch armenische Militärverbände aus der Republik Armenien und Berg-Karabach führten, kann man auf Anfang 1988 datieren. Ein wesentliches Ereignis in der ersten Eskalationsstufe des Konflikts stellen die blutigen Ausschreitungen dar, die Ende Februar in der nördlich von Baku gelegenen Industriestadt Sumgait stattgefunden haben. *De Waal* spricht in diesem Zusammenhang von einer plötzlichen und irreparablen Katastrophe in den Beziehungen zwischen Armeniern und Aserbaidschanern.[358] Bei den ethnisch motivierten Auseinandersetzungen sind nach amtlicher Mitteilung 26 Armenier und sechs Aserbaidschaner getötet worden.[359] Bedauerlicherweise ist eine gründliche Untersuchung der Vorgänge durch die zuständigen sowjetischen Behörden niemals durchgeführt worden, obwohl Armenier und Aserbaidschaner sie gleichermaßen verlangt haben.[360] Aus Armenien und Berg-Karabach waren zuvor aserbaidschanische Flüchtlinge eingetroffen, die von blutigen Ausschreitungen in ihrer Heimat berichteten. Vor dem Hintergrund der beiden Tatsachen, dass Sumgait zu dieser Zeit eine der größten Anlaufstellen geflohener Aserbaid-

---

[356] Vgl. Bakinskij Rabočij, 10. März 1988.
[357] Anders verhielt es sich im gesamtsowjetischen Maßstab. Schon vor 1917 bestand ein sozioökonomisches Gefälle von Nordwesten nach Südosten, das während der ganzen Sowjetzeit erhalten blieb. Am besten stellte sich die Lage in den baltischen Sowjetrepubliken dar, die Regionen im Süden waren dagegen weniger entwickelt (vgl. Kappeler, Andreas: Rußland als Vielvölkerreich, S. 311).
[358] Waal, Thomas de: The Caucasus, S. 111.
[359] Vgl. Auch, a. a. O., S. 6.
[360] Vgl. Waal, Thomas de: Black Garden, S. 41.

schaner aus diesen Gebieten war und die Armenier gleichzeitig mit Nachdruck die Loslösung des Autonomiegebiets von Aserbaidschan betrieben, konnte hier die Schwelle zur ethnischen Gewalt nur allzu schnell überschritten werden.[361]

In den folgenden Wochen und Monaten kam es zu zahlreichen interethnischen Gewalttätigkeiten und Vertreibungen in der Region; Armenier flohen aus Aserbaidschan, Aserbaidschaner aus Berg-Karabach und aus Armenien. Die historischen Traumata aus den Anfängen des Jahrhunderts waren bei beiden Völkern auch hier der unheilvolle Begleiter der Auseinandersetzungen.

Im Januar 1989 unterstellte die Moskauer Zentralgewalt das Autonomiegebiet Berg-Karabach ihrer Sonderverwaltung, ohne damit konzeptionelle Schritte einzuleiten. Scheinbar hatten sich *Gorbatschows* und seine Berater der Hoffnung hingegeben, die Lage würde sich mit der Zeit von selbst beruhigen. Die Entwicklung nahm jedoch einen ganz anderen Verlauf. Kurz nachdem im November 1989 die administrative Hoheit über Berg-Karabach wieder auf Baku übertragen worden war, erklärten am 01. Dezember der Oberste Sowjet von Armenien und armenische Vertreter von Berg-Karabach die Vereinigung beider Gebiete.[362] Man traf sich zu gemeinsamer Sitzung. Die armenische Führung musste sehr schnell einsehen, dass dieser Schritt zu weit ging. Um Jerewan nicht in die Rolle des Aggressors mit allen sich daraus ergebenden politischen Konsequenzen geraten zu lassen, wurde der Beschluss wieder zurückgenommen.[363]

Als Mitte Januar 1990 in Baku die erst wenige Monate zuvor gegründete, von Regimegegnern getragene Volksfront Aserbaidschans die sowjetische Herrschaft im Lande infrage stellte und gleichzeitig anti-armenische Ausschreitungen stattfanden, griff Moskau militärisch ein. Sowjetische Panzer rollten in die Stadt und richteten ein Blutbad an. Am Ende wurden 131 Tote und über 700 Verletzte gezählt. Von den führenden Vertretern der Volksfront sollen 43 verhaftet worden sein.[364] Viele der noch verbliebenen Armenier

---

[361] Es gibt zahlreiche Spekulationen über die „eigentlichen" Hintergründe der Ereignisse von Sumgait. Dazu gehört auch die These, der sowjetische Geheimdienst KGB habe bei den ethnischen Auseinandersetzungen eine wesentliche Rolle gespielt, um die Position Gorbatschows zu schwächen (vgl. Waal, a. a. O., S. 41ff.)
[362] Vgl. Krüger, Heiko: Der Berg-Karabach-Konflikt, S. 24.
[363] Vgl. Dschafarow, a. a. O., S. 198.
[364] Vgl. Auch, Eva-Maria: Berg Karabach – Krieg um die „Schwarzen Berge", S. 118; Dschafarow, a. a. O., S. 156.

hatten nun keine Zukunft mehr in der Stadt, sie ereilte das gleiche Schicksal wie die zuvor geflohenen und vertriebenen Aserbaidschaner.

Die Bestrebungen nach nationalstaatlicher Unabhängigkeit in den Unionsrepubliken läuteten das Ende des sowjetischen Vielvölkerstaats ein. Im Südkaukasus hat zuerst Georgien am 09. April 1991 seine Unabhängigkeit erklärt, Aserbaidschan wurde am 30. August 1991 unabhängig, und Armenien vollzog diesen Schritt am 21. September 1991. Die Armenier von Berg-Karabach nahmen nun keine Rücksicht mehr auf die staatliche Zugehörigkeit des Gebiets zu Aserbaidschan und seinen innerstaatlichen Rechtsstatus. Sie betrieben ihre eigene Politik und riefen Anfang September 1991 eine eigene Republik in Berg-Karabach aus, was von Baku Ende November mit dem Entzug des Autonomiestatus beantwortet wurde. Am 06. Januar 1992, nach Auflösung der Sowjetunion, erklärte Berg-Karabach seine staatliche Unabhängigkeit.[365] Die Konfrontation in der Karabach-Frage hatte sich Schritt um Schritt verschärft.

Bis zu diesem Zeitpunkt war es „nur" zu einzelnen bewaffneten Zusammenstößen zwischen den Kontrahenten gekommen. Ab Februar 1992 ging der Konflikt dann in die zweite Eskalationsstufe über; nun kam es zum offenen Krieg um Berg-Karabach. Dabei sollte gleich am Anfang dieser Phase ein schwerer Zwischenfall in der aserbaidschanischen Ortschaft Chodschali zur Verschärfung der Konfrontation führen. Armenische Soldaten hatten mit Unterstützung einer russischen Einheit ein Massaker an der Zivilbevölkerung begangen, bei dem nach amtlichen aserbaidschanischen Verlautbarungen 613 Zivilisten getötet wurden.[366] Hunderte sind verletzt und andere verschleppt worden.[367] In den folgenden zwei Kriegsjahren sind immer wieder Gewaltakte an zivilen Personen, Armeniern und Aserbaidschanern, verübt worden.

Die armenischen Verbände waren von Anbeginn militärisch in der Offensive. Nachdem sie schon große Teile von Berg-Karabach unter ihre ausschließliche Kontrolle gebracht hatten, konnten sie im Frühjahr 1992 den Landkorridor zwischen Berg-Karabach und Armenien weitgehend besetzen sowie die Stadt Schuscha einnehmen. Einzelne militärische Erfolge der aser-

---

[365] Vgl. Krüger, a. a. O., S. 25.
[366] Vgl. Krüger, a. a. O., S. 26. Es sind auch hier unterschiedliche Angaben zu den Opferzahlen publiziert worden. Die Spanne geht den Berichten zufolge von 161 bis zu 636 Toten. Die internationale Presse berichtete von verstümmelten Leichen, getöteten Frauen und Kindern sowie der Ermordung fliehender Zivilisten (vgl. Krüger, a. a. O., S. 25f.).
[367] Dschafarow nennt neben 335 getöteten Aserbaidschanern die Zahl von 421 Verwundeten und 121 spurlos verschwundenen Personen (a. a. O., S. 165).

baidschanischen Seite waren nicht von Dauer. Die Armenier eroberten im Laufe des Jahres 1993 weitere Gebiete im Umfeld von Berg-Karabach.[368] Es hatte sich für Jerewan und die Karabach-Armenier ausgezahlt, dass man schon zu Sowjetzeiten mit dem Aufbau nationaler bewaffneter Verbände begonnen hatte. Bereits ab Sommer 1986 wurden mit Hilfe der untergetauchten Daschnakcutjun Waffen im Ausland beschafft, der größte Teil davon ging direkt nach Berg-Karabach.[369] Aserbaidschan war mit der Aufstellung regulärer Truppen eher zögerlich, stattdessen gehörten Warlords mit ihren Privatarmeen zu den Kombattanten unter seiner Fahne. Eine professionelle militärische Führung der ganzen Streitmacht war offenbar nicht vorhanden. Es wurde sogar von Gefechten zwischen aserbaidschanischen Regierungstruppen und Soldaten eines verbündeten Warlords berichtet.[370] Das neue Russland spielte als indirekter Akteur eine unwürdige Rolle in dem Konflikt. Sein Präsident *Boris N. Jelzin* ließ beide Seiten mit militärischer Ausrüstung versorgen.[371]

Die Lage auf dem Schlachtfeld wurde für die aserbaidschanische Seite zunehmend schwieriger. Ein Ende der verlustreichen Kämpfe um Berg-Karabach musste erreicht werden, was ohne die Mitwirkung Moskaus nicht möglich erschien. Im Mai 1994 konnte ein Waffenstillstand zwischen den Kriegsparteien geschlossen werden, der vom russischen Verteidigungsminister vermittelt worden war. Auf Grundlage dieser vorläufigen Vereinbarung übernahm die armenische Seite die vollständige Kontrolle über Berg-Karabach und besetzte außerdem sieben angrenzende aserbaidschanische Bezirke zur strategischen Arrondierung. So entstand in westlicher Richtung eine Landverbindung zwischen Berg-Karabach und der Republik Armenien (Latschin-Korridor) und nach Osten und Süden hin eine „Pufferzone" zum übrigen Aserbaidschan. Hinsichtlich der Größe der besetzten Territorien sind in der Literatur unterschiedliche Zahlen zu finden. Diese Tatsache kann politische Gründe haben oder darauf beruhen, dass die Waffenstillstandslinien unscharf sind und das sich beiderseits des Frontverlaufs erstreckende Niemandsland nicht klar begrenzt ist. Nach offiziellen Angaben der UNO, der verlässlichsten aller verfügbaren Quellen, sind ungefähr 20% des aserbaidschanischen Staatsgebiets besetzt,[372] dort stehen nach wie vor gefechtsbereite

---

[368] Vgl. Dschafarow, a. a. O., S. 167, 171, 174, 176.
[369] Vgl. Waal, Thomas de: Black Garden, S. 18.
[370] Vgl. Dschafarow, a. a. O., S. 174.
[371] Vgl. Waal, a. a. O., S. 197ff.
[372] United Nations. Committee on the Elimination of Racial Discrimination, Fifty-fifth session, S. 1.

Militäreinheiten der Republik Armenien zusammen mit armenischen Soldaten aus Berg-Karabach. Auf armenischer Seite ist man seit Abschluss der Waffenstillstandsvereinbarung bemüht, das Gebiet von Berg-Karabach international als eigenständigen Staat darzustellen und wirbt um dessen völkerrechtliche Anerkennung.

Im Bereich der Demarkationslinien kommt es immer wieder zu bewaffneten Zwischenfällen. Es gibt keine internationale Friedenstruppe, die Gewähr für die Einhaltung der Waffenruhe bieten könnte. Lediglich eine kleine Beobachtergruppe der OSZE patrouilliert dort in unregelmäßigen Abständen.[373] Dem Drängen Russlands, seine Soldaten als Friedenstruppen im Konfliktgebiet zu stationieren, hat die aserbaidschanische Führung beharrlich widerstanden.[374] Zu groß ist das Misstrauen und die Furcht in Baku, Moskau könnte mit der Rückkehr seiner Soldaten nach Aserbaidschan das Land erneut seinem Einflussbereich unterwerfen.

Der Krieg im Südkaukasus hat unsägliches Leid über die betroffene Bevölkerung gebracht, die menschlichen und materiellen Verluste waren gewaltig. Genaue Informationen sind dazu nicht erhältlich. Legt man die Angaben bei *de Waal* zugrunde, so dürfte die Gesamtzahl der Toten bei 25.000, mindestens jedoch bei 17.000 liegen. Danach muss weiterhin von ca. 50.000 Verletzten ausgegangen werden. Etwa 350.000 Armenier flüchteten im Zuge des Konflikts aus Aserbaidschan oder wurden von dort vertrieben. Das gleiche Schicksal ereilte nach seiner Aussage wenigstens 750.000 Aserbaidschaner, die ihre Heimat in der Republik Armenien oder in den armenisch besetzten Gebieten Aserbaidschans hatten.[375] Von mindestens 30.000 Toten, davon weit über 20.000 Aserbaidschaner und bis zu 7.000 Armenier, schreibt *Langner*, der im Übrigen auf über eine Millionen Aserbaidschaner und auf bis zu 400.000 Armenier kommt, die geflüchtet sind oder vertrieben wurden.[376] *Krüger* schließlich spricht von mehreren Zehntausend Menschen, Angehörige beider Ethnien, die bei den kriegerischen Auseinandersetzungen getötet, und etwa 300.000 Armeniern und zwischen 700.000 und einer Million Aserbaidschanern, „die zu Flüchtlingen gemacht" worden sein sollen.[377]

---

[373] Halbach, Uwe: Der Konflikt um Bergkarabach – Besonderheiten und Akteure, S. 21.
[374] Vgl. Dschafarow, a. a. O., S. 176ff.
[375] Waal, a. a. O., S. 285.
[376] Langner, Heiko: Krisenzone Südkaukasus, S. 20ff.; ähnlich Rau, a. a. O., S. 44f.
[377] Krüger, a. a. O., S. 119. Die Zahl von einer Million geflüchteter oder vertriebener Aserbaidschaner erscheint nicht überzogen, wenn man bedenkt, dass die aserbaidschanische Diaspora in Armenien gegen Ende der Sowjetunion zahlenmäßig noch immer recht stark war. Nach Aussage von Atachan Paschajew sind in den Jahren 1988 bis 1991 noch ungefähr 250.000 Aserbaidschaner aus ihren

Der materielle Gesamtschaden des Krieges, der ausschließlich auf aserbaidschanischem Territorium stattfand, ist immens. Das Außenministerium in Baku hat die Kriegsschäden auf 60 Milliarden Dollar geschätzt.[378] Dazu muss man umfangreiche Folgeschäden rechnen, die etwa durch den dauerhaften Ausfall der wirtschaftlichen Nutzung des besetzten Territoriums entstanden sind.

Dörfern in Armenien vertrieben worden (Genocid, deportacii i territorial'nyje pretenzii armjan k azerbajdžanskomu narodu [Genozid, Deportationen und territoriale Ansprüche der Armenier an das aserbaidschanische Volk], S. 117).

[378] Rau, a. a. O., S. 44.

Armenisches Okkupationsgebiet: Berg-Karabach und umliegende Kreise

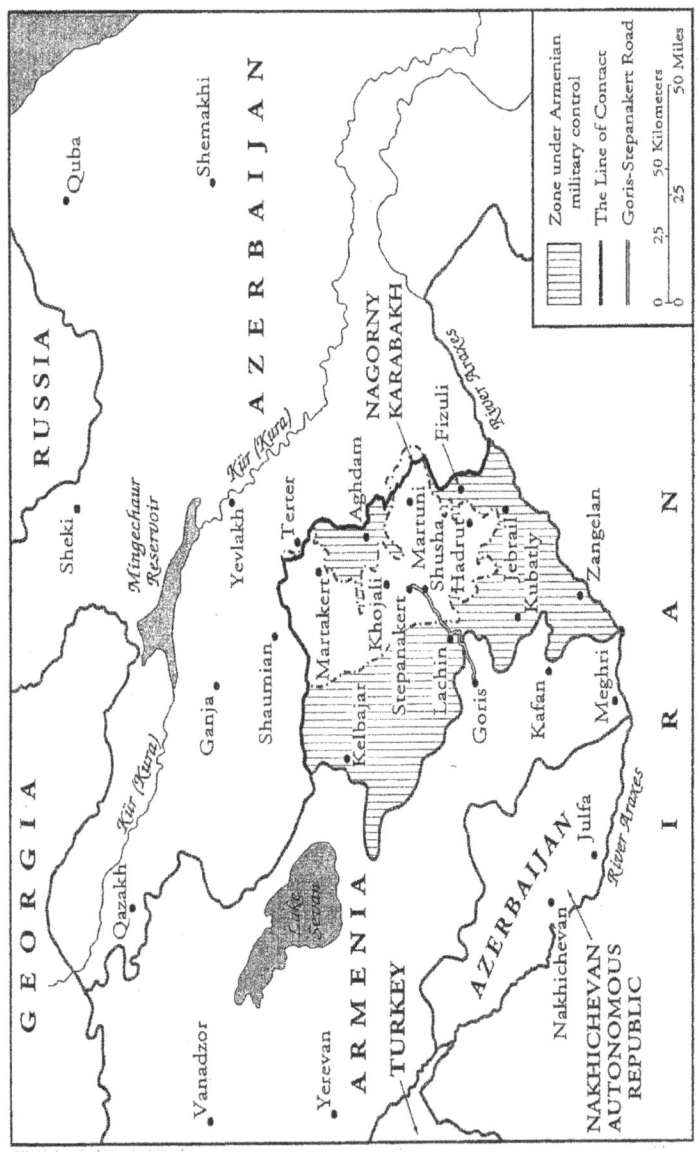

Quelle: Waal, Thomas de: The Caucasus, S. 101.

4 Rechtliche Beurteilung der Karabach-Frage

Die einseitige Abtrennung von Berg-Karabach vom Staatsgebiet Aserbaidschans soll zunächst unter dem Gesichtspunkt geprüft werden, ob sie nach sowjetischem Recht wirksam erfolgt ist. Wenn das verneint werden muss, bleibt die Frage, ob nach der Auflösung der Sowjetunion Ende 1991 die Abspaltung aus völkerrechtlicher Sicht rechtswirksam ist. Auf der Grundlage der aserbaidschanischen Rechtsordnung gab und gibt es kein Sezessionsrecht für einzelne Landesteile.

Nach sowjetischem Verfassungsrecht konnte es kein Sezessionsrecht kraft autonomer Entscheidung der Armenier von Berg-Karabach geben. Gemäß Art. 72 der Verfassung (Verf.)[379] hatte jede Unionsrepublik das bedingungslose Recht, aus der Union der Sowjetrepubliken auszutreten. Das galt aber nur für die 15 Unionsrepubliken, nachgeordnete Einheiten mit oder ohne Staatsqualität – Autonome Republiken, Autonome Gebiete und Autonome Bezirke – konnten sich nicht darauf berufen. Außerdem durften die Grenzen einer Unionsrepublik ohne deren Zustimmung nicht geändert werden (Art. 78 Verf.). Aserbaidschan hat zu keinem Zeitpunkt seine Zustimmung zu einer Veränderung der Grenze in Bezug auf Berg-Karabach gegeben. Allenfalls wäre eine einvernehmliche Entscheidung der Sowjetrepubliken Armenien und Aserbaidschan, bestätigt durch die Union, denkbar gewesen, das Gebiet an Armenien zu übertragen. Dafür gab es jedoch politisch überhaupt keinen Raum. Die einseitigen Erklärungen der Armenier waren aus verfassungsrechtlicher Sicht allesamt rechtlich unwirksam.

Das im April 1990 von Moskau erlassene Sezessionsgesetz, mit dem die Ausübung des Austrittsrechts aus der Sowjetunion in einer einfachgesetzlichen Regelung Konkretisierung fand,[380] eröffnete ebenso wenig eine Rechtsgrundlage für die armenischen Sezessionsbemühungen in Berg-Karabach. Das ergab sich zunächst schon daraus, dass ein einfaches Gesetz nicht der Verfassung entgegenstehen durfte. Dieser rechtsstaatliche Grundsatz, veran-

---

[379] Verfassung (Grundgesetz) der Union der Sozialistischen Sowjetrepubliken, vom 07. Oktober 1977.
[380] Zakon SSSR ot 03. 04. 1990 o porjadke rešenija woprosow, swjazannych s wychodom sojuznoj respubliki iz SSSR [Gesetz der UdSSR vom 03. 04. 1990 über den Entscheidungsablauf hinsichtlich der Fragen, die mit dem Austritt einer Unionsrepublik aus der UdSSR verbunden sind].

kert in Art. 173 Verf., galt formell auch für die sozialistische Rechtsordnung der Sowjetunion. Verschiedene Regelungen des Sezessionsgesetzes waren mit der Verfassung nicht kompatibel. Diese Bedenken waren jedoch in einem Staat, in dem der politische Wille Priorität hatte, von nachrangiger Bedeutung und brauchen hier nicht weiter verfolgt zu werden.

Für eine Abspaltung Berg-Karabachs wäre allenfalls Art. 3 Abs. 1 Satz 2 des Sezessionsgesetzes heranzuziehen gewesen. Dieser Artikel sah für den Fall des Austritts einer Unionsrepublik aus der Sowjetunion vor, dass republikangehörige Autonome Republiken, Gebiete oder Bezirke ein eigenes Entscheidungsrecht hatten, ob sie Teil der Sowjetunion oder der aus der Union austretenden Republik bleiben wollten. Voraussetzung dafür war aber, dass die den Austritt betreibende Unionsrepublik das Verfahren des Sezessionsgesetzes wählte. Das ist in keinem Falle geschehen; keine Republik hat sich in ihrem Bestreben nach Unabhängigkeit auf das Sezessionsrecht nach diesem Gesetz berufen. Das Gesetz kam überhaupt nicht zur Anwendung.[381] Alle Unionsrepubliken haben den Weg über Art. 72 Verf. mit seiner Garantie des freien Sezessionsrechts gewählt. Sie war grundlegender Bestandteil der Lenin'schen Nationalitätenpolitik, auch wenn ihr jahrzehntelang keine praktische Bedeutung zukam. Aber selbst wenn man entgegen der hier vertretenen Auffassung diese Norm des Sezessionsgesetzes im Falle von Berg-Karabach für anwendbar halten will, so genügten die von den dort ansässigen Armeniern vorgenommenen rechtlichen Schritte zur Abspaltung von Aserbaidschan, insbesondere das im Dezember 1991 in diesem Zusammenhang durchgeführte Referendum in Berg-Karabach, nicht den Verfahrensanforderungen des Sezessionsgesetzes.[382]

Nach Erlangung der Unabhängigkeit Aserbaidschans am 18. Oktober 1991 hatte sich innerstaatlich eine neue Rechtslage ergeben. Zwar galt das sowjetische Recht zunächst in Aserbaidschan grundsätzlich fort, in Bezug auf die territoriale Integrität des Landes fand es jedoch keine Anwendung mehr.[383] Insofern war es rechtlich nicht zu beanstanden, dass Baku im November 1991 den Autonomie-Status von Berg-Karabach aufgehoben hat, ohne dabei auf sowjetisches Recht Rücksicht zu nehmen. Außenpolitisch konnte Aserbaidschan seinen territorialen Bestand gegenüber den früheren sowjetischen Nachbarn durch die Erklärung von Alma-Ata vom 21. Dezember 1991 absichern. Das von den damaligen Mitgliedern der Gemeinschaft

---

[381] Vgl. Krüger, Heiko: Der Berg-Karabach-Konflikt, S. 29.
[382] Vgl. Krüger, a. a. O., S. 38ff.
[383] Vgl. Krüger, a. a. O., S. 28.

Unabhängiger Staaten, unter ihnen Armenien und Aserbaidschan, unterzeichnete Dokument enthält einen Passus, der die „Anerkennung und Achtung der territorialen Integrität eines jeden und die Unverletzlichkeit bestehender Grenzen" festschreibt.[384]

Es bleibt die Frage, ob sich die Karabach-Armenier in ihrem Bestreben nach Abspaltung von Aserbaidschan auf ein völkerrechtliches Sezessionsrecht berufen können. Es gilt der Grundsatz, dass die territoriale Integrität souveräner Staaten zu achten ist. Ein Recht auf (einseitig erklärte) Sezession erkennt die Staatengemeinschaft allenfalls in extremen Ausnahmefällen an. Insbesondere kann das in der UN-Charta verbriefte Selbstbestimmungsrecht der Völker (Art. 1 Ziffer 2 und Art. 55) eine Sezession nicht rechtfertigen.[385] Ein auf völkerrechtlichem Gewohnheitsrecht basierender allgemeiner Anspruch auf Sezession für Volksgruppen und ethnische Minderheiten, auf das sich die Karabach-Armenier berufen könnten, besteht nicht. Es fehlt an einer Grundvoraussetzung dafür, nämlich an einer entsprechenden Praxis der Staaten, die einheitlich und verbreitet ist.[386]

Zu prüfen ist allein, ob ein hilfsweises Sezessionsrecht (remedial secession), das von einzelnen Staaten und Rechtsgelehrten als allgemeines Prinzip des Völkerrechts und damit als Völkergewohnheitsrecht anerkannt wird, im Falle von Berg-Karabach zur Anwendung kommen kann. Wesentliche Voraussetzung dafür wäre, dass die Armenier in Berg-Karabach unter aserbaidschanischer Hoheitsgewalt „schwersten, massiven, strukturierten Menschenrechtsverletzungen und Diskriminierungen"[387] ausgesetzt gewesen sind. Mit *Herdegen* kann man auch formulieren, dass ein Sezessionsrecht „in Erwägung" gezogen werden müsste, sollten die Armenier Opfer einer „völlig unerträglicher Unterdrückung" geworden sein.[388] Eine solche Situation hat es in Berg-Karabach nicht annähernd gegeben. Es liegen keine Berichte vor, die eine gegenteilige Annahme rechtfertigen würden. Die von *Asenbauer* und

---

[384] Erklärung von Alma Ata, vom 21. 12. 1991.
[385] Vgl. Krüger, a. a. O., S. 61f.
[386] Die jüngsten Sezessionsfälle haben daran nichts geändert. Zahlreiche Staaten erkennen die Unabhängigkeit des Kosovo bis heute nicht an. Im Übrigen haben es die NATO-Mitgliedstaaten immer vermieden, die Grundlage der Unabhängigkeit des Kosovo in einem Sezessionsrecht zu sehen (vgl. Kempen, Bernhard / Hillgruber, Christian: Völkerrecht, S. 280f.). Die Unabhängigkeit von Abchasien und Süd-Ossetien wird nur von einigen wenigen Staaten anerkannt. Die Annexion der Krim durch Russland im März 2014 wird weltweit verurteilt und hat zu einer internationalen Krise geführt.
[387] Krüger, a. a. O., S. 77.
[388] Herdegen, Matthias: Völkerrecht, S. 267.

Luchterhandt behaupteten Diskriminierungs- und Unterdrückungsmaßnahmen aserbaidschanischer Behörden gegenüber den Karabach-Armeniern[389] und die hier erwähnten Sanktionen gegen eine große Zahl von Armeniern in Berg-Karabach, nachdem von dort eine Petition mit dem Ziel der Loslösung des Gebiets von Aserbaidschan an die sowjetische Führung gesandt worden war,[390] liegen weit unterhalb dieser Schwelle. Eine weitere Prüfung dieses völkerrechtlichen Ansatzes erübrigt sich daher.[391]

Die von armenischer Seite propagierte Position, die Staatengemeinschaft müsse die Tatsache akzeptieren, dass sich in Berg-Karabach im Verlauf der vergangenen Jahre ein stabilisiertes De-facto-Regime etabliert habe,[392] läuft auf die Frage hinaus, ob die gewaltsame Sezession eines Gebiets nach Ablauf einer bestimmten Zeit gewissermaßen nachträglich legitimiert werden kann. Wer immer sich dieser Meinung anschließen will, schafft Anreize für gewaltsames Vorgehen und stellt sich damit gegen das auf Konfliktvermeidung ausgerichtete moderne Völkerrecht. Die Abtrennung von Berg-Karabach beruhte eindeutig auf militärischer Gewalt, getragen von armenischen Kampfverbänden aus der Republik Armenien und aus Berg-Karabach.[393] Einer Veränderung des territorialen Status-quo, die auf diese Weise erfolgt ist, versagt die Staatengemeinschaft die Anerkennung. Auch eine mögliche völkerrechtliche Anerkennung von Berg-Karabach durch einzelne Staaten – bisher hat selbst die Republik Armenien das nicht getan – würde daran nichts ändern.[394] Der Grundsatz „ex iniuria ius non oritur" – aus illegalen Akten erwächst kein legales Recht – gilt ohne zeitliche Begrenzung.

Die armenischen Behörden in Berg-Karabach haben in den vergangenen Jahren und Jahrzehnten immer wieder versucht, die völkerrechtliche Aner-

---

[389] Asenbauer, Haig E. Zum Selbstbestimmungsrecht des armenischen Volkes von Berg-Karabach, S. 75ff.; Luchterhandt, Otto: Das Recht Berg-Karabachs auf staatliche Unabhängigkeit aus völkerrechtlicher Sicht, S. 68ff.

[390] S. dazu Kap. 3.3.8.2.

[391] Nach Maßgabe dieses Ansatzes wäre ein Anspruch auf Sezession bei den Völkern zu bejahen gewesen, die in der Stalinzeit als Ethnie verfolgt, deportiert und entwurzelt worden sind und hohe Opfer zu beklagen hatten.

[392] Vgl. Krüger, a. a. O., S. 89.

[393] Die Republik Armenien verstößt durch ihre Beteiligung am Konflikt um Berg-Karabach, durch militärische Angriffe auf aserbaidschanischem Territorium und fortdauernde Besetzung aserbaidschanischen Territoriums gegen das völkerrechtliche Gewaltverbot und das völkerrechtliche Interventionsverbot und hat die sich daraus ergebenden Rechtsfolgen zu tragen. Im Rahmen der vorliegenden Studie muss auf weitergehende Ausführungen dazu verzichtet werden.

[394] Vgl. Ipsen, Knut: Völkerrecht, S. 302.

kennung für die Abspaltung des Gebiets von Aserbaidschan und als unabhängiger Staat zu erlangen, und sind dabei erfolglos geblieben. Der UN-Sicherheitsrat, die UN-Generalversammlung, der Europarat sowie die Organisation für Sicherheit und Zusammenarbeit in Europa haben in Resolutionen und Erklärungen den Standpunkt der Weltgemeinschaft nachhaltig zum Ausdruck gebracht, dass Berg-Karabach integraler Bestandteil der Republik Aserbaidschan ist.[395]

---

[395] Einige der Dokumente sind abgedruckt bei Krüger, a. a. O., S. 121ff.

5 Quellen- und Literaturangaben

5.1 Archivbestände

ARPİİ-SSA: Azərbaycan Respublikası Prezidentinin İşlər İdarəsinin - Siyasi Sənədlər Arxivi (Archiv für Politische Dokumente beim Präsidialamt der Republik Aserbaidschan)

ARPİİ-SSA, f. 1, s. 31, i. 186a (1), v. 7.
ARPİİ-SSA, f. 1, s. 31, i. 186a (1), v. 8-12.
ARPİİ-SSA, f. 1, s. 31, i. 186a (1), v. 49.
ARPİİ-SSA, f. 1, s. 31, i. 186a, v. 59.
ARPİİ-SSA, f. 1, s. 31, i. 186a, v. 63-64.
APRII-SSA, f. 1, s. 31, i. 186a / 2, v. 60.
APRII-SSA, f. 1, s. 60, i. 25, v. 81-86.

ARDA: Azərbaycan Respublikası Dövlət Arxivi (Staatsarchiv der Republik Aserbaidschan)
ARDA, f. 28, s. 1, i. 42, v. 11
ARDA, f. 28, s. 1, i. 155, v. 19f.

5.2 Primärliteratur

Akty sobrannyje Kawkazskoj archeografičeskoj komissii (T. 1), [Aktensammlung der Kaukasischen Archeographischen Kommission (Bd. 1)]. Tiflis 1866.
Armenische Kolonie in Berlin (Hrsg.): Panzer gegen Perestrojka. Eine Dokumentensammlung. Bremen 1989.
Bunijatow, Z. M. (Red.): Istorija Azerbajdžana po dokumentam i publikacijam [Geschichte Aserbaidschans in Dokumenten und Veröffentlichungen]. Baku 1990.
Dekret Azerbajdžanskogo Central'nogo Ispolnitel'nogo Komiteta Sowetow ot 7-go ijulja 1923 goda. Ob obrazowaniji „awtonomnoj oblasti Nagornogo Karabacha" [Dekret des Aserbaidschanischen Exekutivkomitees vom 07. Juli 1923. Bildung des „autonomen Gebiets von Berg-Karabach"], in: Izdanije officiaľnoje. Sobranije uzakonenij i rasporjaženij Raboče-Kresťjanskogo Prawiteľstwa ASSR za 1923 g., Nr. 298. Baku 1925.
Departament Wnešnej Torgowli (Hrsg.): Obozrenije Rossijskich wladenij za Kawkazom w statističeskom, etnografičeskom, topografičeskom i finansowom otnošenijach [Überblick über die russischen Besitzungen in Transkaukasien in statistischer, ethnographischer, topographischer und finanzieller Hinsicht]. Sankt Peterburg 1836.

Erklärung von Alma Ata, vom 21. 12. 1991. http://www.gus-manager.de/info/gus_ erklaerung.htm

Essad-Bey: Öl und Blut im Orient. Stuttgart 1930.

Glinka, Sergej: Opisanije pereselenija Armjan adderbidžanskich w predely Rossii [Beschreibung der Übersiedlung der Armenier von Adderbidschan nach Russland]. Moskwa 1831.

Gribojedow, A. S.: Sočinenija v dwuch tomach. Tom 2 [Werke in zwei Bänden. Band 2]. Moskwa 1971.

Gulijew, D. P. (Red.): K istorii obrazowanija Nagorno-Karabachskoj awtonomnoj oblasti Aserbajdžanskoj SSR (1918-1925), Dokumenty i materialy. Institut Istorii Partii pri CK KP Azerbajdžana [Zur Geschichte der Bildung des Autonomen Gebiets Berg-Karabach der Aserbaidschanischen SSR (1918-1925), Dokumente und Materialien. Institut für Parteigeschichte beim ZK der KP Aserbaidschans]. Baku 1989.

Gusejnow, I. A. (Red.): Bor'ba za pobedu sowetskoj wlasti w Azerbajdžane 1918-1920. Dokumenty i materialy [Der Kampf für den Sieg der Sowjetmacht in Aserbaidschan 1918-1920. Dokumente und Materialien]. Baku 1967.

Institut Istorii Partii pri CK KP Azerbajdžana (Hrsg.): Bol'ševiki v bor'be za pobedu socialističeskoj revoljucii v Azerbajdžane, Dokumenty i materialy. 1917-1918 gg. [Bolschewiken im Kampf für den Sieg der sozialistischen Revolution in Aserbaidschan. Dokumente und Materialien. 1917-1918]. Baku 1957.

Karskij dogowor [Vertrag von Kars].
http://www.hrono.info/dokum/192_dok/19211013kars.html.

Katchaznouni, Hovhannes: Für die Dascnakzutyun gibt es nicht mehr zu tun (Bericht zum Parteikonferenz 1923). Istanbul 2006.

Libaridian, Gerard J. (Hrsg.): The Karabagh file: documents and facts on the question of mountainous Karabagh, 1918-1988. Cambridge 1988.

Mikajeljan, W. A. (Red.): Nagornyj Karabach w 1918 – 1923 gg. Sbornik dokumentow i materialow [Berg-Karabach in den Jahren 1918 – 1923: Sammlung von Dokumenten und Materialien]. Jerewan 1992.

Ministerstwo Inostrannych Del Sowetskogo Sojuza (Hrsg.): Sowetskij Sojuz na meždunarodnych konferencijach perioda Welikoj Otečestwennoj Wojny. Sbornik dokumentow, 1941-1945, t. 6 [Die Sowjetunion auf den internationalen Konferenzen zur Zeit des Großen Vaterländischen Krieges. Dokumentensammlung, 1941-1945, Bd. 6]. Moskwa 1980.

Moskowskij dogowor meždu Rossijej i Turcijej 16 marta 1921 goda [Moskauer Vertrag zwischen Russland und der Türkei, 16. März 1921], http://www.amsi.ge/istoria/sab/moskovi.html

Narimanow, Nariman: Izbrannyje proizwedenija w trech tomach, tom 2, 1918-1921 [Ausgewählte Werke in drei Bänden, Band 2, 1918-1921]. Baku 1989.

Potto, Wasilij: Kawkazskaja wojna. Tom 3: Persidskaja wojna 1826-1828 gg., [Kaukasischer Krieg. Band 3: Persischer Krieg 1826-1828]. Stawropol' 1993.

Prawitel'stwennyj Westnik, in: Bakinskij Rabočij, Nr. 269, vom 26. 11. 1924, Baku.

Rustamowa-Togidi, Solmaz (Hrsg.): Kuba. Aprel'-maj 1918 g. Musul'manskije pogromy w dokumentach [Kuba. April-Mai 1918. Muslimische Pogrome in Dokumenten]. Baku 2010.

Samed-zade, Zijad: Nagornyj Karabach: neizwestnaja prawda (o nekotorych aspektach socialno-ekonomičeskogo i demografičeskogo razwitija regiona) [Berg-Karabach: unbekannte Wahrheit (zu einigen Aspekten der sozial-ökonomischen und demographischen Entwicklung der Region)]. Baku 1995.

Šaumjan, S. G.: Izbrannyje proizwedenija w dwuch tomax, tom 2 [Ausgewählte Werke in zwei Bänden, Band 2]. Moskwa 1958.

Šawrow, N.I.: Nowaja ugroza russkomu delu w Zakawkaze: predstojaščaja rasprodaža Mugani inorodcam [Neue Bedrohung für die russische Sache in Transkaukasien: Der bevorstehende Ausverkauf Mugans an Fremde]. Sankt Peterburg 1911.

Stalin, J. W.: Gesammelte Werke, Band 2, 1907-1913. Berlin 1952.

Stalin, J.W.: Werke, Band 4, November 1917-1920. Berlin 1951.

Statističeskoje Uprawlenije Nagorno-Karabachskoj Awtonomnoj Oblasti Azerbajdžanskoj SSR (Hrsg.): Dostiženija sowetskogo Nagornogo Karabacha. Statističeskij sbornik [Die Errungenschaften des sowjetischen Berg-Karabach. Statistischer Sammelband]. Stepanakert 1963.

United Nations. Committee on the Elimination of Racial Discrimination, Fifty-fifth session, 2 – 27 August 1999. http://tbinternet.ohchr.org/_layouts/treatybodyexternal/Download.aspx?symbolno=CERD%2FC%2F304%2FAdd.75&Lang=en

Verfassung (Grundgesetz) der Union der Sozialistischen Sowjetrepubliken, vom 07. Oktober 1977. http://www.verfassungen.net/su/udssr77-index.htm

Zakawkazskij Sejm: Stenografičeskij otčet (7 marta 1918 g.) [Stenographischer Bericht (7. März 1918)]. Tiflis 1919.

Zakon Azerbajdžanskoj Sowetskoj Socialističeskoj Respubliki o Nagorno-Karabachskoj awtonomnoj oblasti [Gesetz der Sowjetrepublik Aserbaidschan über das Autonomiegebiet Berg-Karabach]. Baku 1987.

Zakon SSSR ot 03. 04. 1990 o porjadke rešenija woprosow, swjazannych s wychodom sojuznoj respubliki iz SSSR [Gesetz der UdSSR vom 03. 04. 1990 über den Entscheidungsablauf hinsichtlich der Fragen, die mit dem Austritt einer Unionsrepublik aus der UdSSR verbunden sind]. http://bestpravo.ru/ussr/data01/tex10973.htm

5.3 Sekundärliteratur

Allen, W. E. D. / Muratoff, Paul: Caucasian Battlefields. A History of the Wars on the Turco-Caucasian Border 1828-1921. Cambridge 1953.

Altstadt, Audrey L.: Nagorno-Karabakh, „Apple of Discord" in the Azerbaijan SSR, in: Central Asian Survey, Bd. 7, Heft 4, 1988, S. 63-78.

Altstadt, Audrey L.: The Azerbaijani Turks. Power and Identity under Russian Rule. Stanford 1992.

Arnold, Jürgen: Die nationalen Gebietseinheiten der Sowjetunion. Staatliche Souveränität und Autonomie im Sowjetföderalismus. Köln 1973.

Arslanian, Artin H.: Britain and the Transcaucasian Nationalities during the Russian Civil War, in: Suny, Ronald Grigor (Hrsg.), Transcaucasia, Nationalism, and Social Change. Essays in the History of Armenia, Azerbaijan, and Georgia. Ann Arbor 1996.

Asenbauer, Haig E. Zum Selbstbestimmungsrecht des armenischen Volkes von Berg-Karabach. Wien 1993.

Auch, Eva-Maria: Aserbaidschanische Identitätssuche und Nationswerdung bis zum Beginn des 20. Jahrhunderts, in: Halbach, Uwe / Kappeler, Andreas (Hrsg.), Krisenherd Kaukasus. Baden-Baden 1995, S. 94-109.

Auch, Eva-Maria: Berg Karabach – Krieg um die „Schwarzen Berge", in: Gumppenberg, Marie-Carin von / Steinbach, Udo (Hrsg.), Der Kaukasus. Geschichte – Kultur – Politik. München 2008, S. 111-122.

Auch, Eva-Maria: Die politische Entwicklung in Aserbaidschan, in: Meissner, Boris / Eisfeld, Alfred (Hrsg.), Die GUS-Staaten in Europa und Asien. Baden-Baden 1995, S. 153-176.

Auch, Eva-Maria: "Ewiges Feuer" in Aserbaidschan. Ein Land zwischen Perestrojka, Bürgerkrieg und Unabhängigkeit. Berichte des Bundesinstituts für ostwissenschaftliche und internationale Studien, 8-1992. Köln 1992.

Avakian, Shahen: Nagorno-Karabagh. Legal Aspects. Yerevan 2005.

Avşar, Ferhat: Schwarzer Garten im Land des ewigen Feuers. Entstehungsgeschichte und Genese des Karabach-Konflikts. Darmstadt 2006.

Azowkin, I. A. / Ijezuitow, W. M.: Nazrewšije woprosy prawowogo položenija awtonomnoj oblasti [Akut werdende Fragen der rechtlichen Stellung des Autonomiegebiets], in: Sowetskoje gosudarstwo i prawo, 1959, Heft 5, S. 69-78.

Babajan, Dawid: Krasnyj Kurdistan: Geopolitičeskije aspekty sozdanija i uprazdnenija [Rotes Kurdistan: Geopolitische Aspekte der Bildung und Auflösung]. http://www.noravank.am/upload/pdf/170_ru.pdf

Baberowski, Jörg: Auf der Suche nach Eindeutigkeit: Kolonialismus und zivilisatorische Mission im Zarenreich und in der Sowjetunion, in: Jahrbücher für Geschichte Osteuropas, Band 47, 1999, S. 482-504.

Baberowski, Jörg: Der Feind ist überall. Stalinismus im Kaukasus. München 2003.

Baguirov, Adil: Nagorno-Karabakh: Basis and Reality of Soviet-Era Legal and Economic Claims Used to Justify the Armenia-Azerbaijan-War, in: Caucasian Review of International Affairs, 2008, Vol. 2 (1), S. 11-24.

Bajkow, B: Bospominanija o revoljucii w Zakawkaz'i (1917-1920 g.g.) [Erinnerungen an die Revolution im Transkaukasus (1917-1920)], in: Archiv russkoj revoljucii, 1923, Heft 9, S. 91-194.

Bala, Mirza: Soviet Nationality Policy in Azerbeidshan, in: Caucasian Review, 1957, Heft 4, S. 23-37.

Balajew, Ajdyn: Azerbajdžanskaja nacija: osnownyje ėtapy stanowlenija na rubeže XIX-XX вв. [Die aserbaidschanische Nation. Hauptphasen des Entstehens an der Schwelle vom 19. zum 20. Jh.]. Moskwa 2012.

Barsegjan, Chikar Akopovič: Istina dorože: K probleme Nagornogo Karabacha–Arcacha [Die Wahrheit ist kostbarer: Zum Problem Berg-Karabach–Arcach]). Jerewan 1989.

Bennigsen, Alexandre: The Muslims of European Russia and the Caucasus, in: Vucinich, Wayne S. (Hrsg.), Russia and Asia. Essays on the Influence of Russia on the Asian Peoples. Stanford 1972, S. 135-166.

Beyme, Klaus v.: Der Föderalismus in der Sowjetunion. Heidelberg 1964.

Bunijatow, Zija: Azerbajdžan w VII-IX wekow [Aserbaidschan im 7.-9. Jahrhundert]. Baku 1965.

Burowskij, Andrej M.: Krach imperii. Kurs neizwestnoj istorii [Der Zusammenbruch des Imperiums. Kurs über eine unbekannte Geschichte]. Moskwa 2004.

Charmandarjan, S.: Lenin i stanowlenije Zakawkazskoj Federacii [Lenin und die Errichtung der Transkaukasischen Föderation]. Eriwan 1963.

Chudaverdjan, K. S./ Galojan, G. A (Hrsg.): Nagornyj Karabach. Istoričeskaja sprawka [Berg-Karabach. Historische Auskunft]. Eriwan 1988.

Croissant, Michael P.: The Armenia-Azerbaijan Conflict. Causes and Implications. London 1998.

Dash, P. L.: Nationalities Problem in USSR, in: Economic and Political Weekly, January 14, 1989. Bombay.

Dschafarow, Rauf: Kontinuität und Wandel in der russischen Politik gegenüber Aserbaidschan. Von Zar Peter I. bis Putin. Göttingen 2014.

Erlichman, Wadim W.: Poteri narodonaselenija w XX weke: Sprawočnik [Bevölkerungsverluste im XX. Jahrhundert: Handbuch]. Moskwa 2004.

Feigl, Erich: Seidenstrasse durchs Feuerland. Die Geschichte Aserbaidschans. Wien 2008.

Fenz, Hendrik: Vom Völkerfrühling bis zur Oktoberrevolution 1917. Die Rolle der aserbaidschanischen Elite bei der Schaffung einer nationalen Identität. Münster 2000.

Fenz, Hendrik: Zwischen Fremdherrschaft und Rückständigkeit. Die Satirezeitschrift *Molla Nasreddin* als Medium der Aufklärung im Südkaukasus, in: Pfluger-Schindlbeck (Hrsg.), Aserbaidschan. Land des Feuers. Berlin 2008, S. 41-60.

Gasanly, Džamil': Narodnyj Karabach: staryje zabluždenija w nowoj interpretacii. Čast' 3 [Berg-Karabach: alte Irrtümer in neuer Interpretation. Teil 3], S. 2. http://regnum.ru/news/1429705.html?forprint

Gökay, Bülent: The Battle for Baku (May-September 1918): A Peculiar Episode in the History of the Caucasus, in: Middle Eastern Studies, Bd. 34, 1998, S. 30-50.

Halbach, Uwe: Der Konflikt um Bergkarabach – Besonderheiten und Akteure, in: Reiter, Erich (Hrsg.), Der Krieg um Bergkarabach. Krisen- und Konfliktmanagement in der Kaukasus-Region. Wien 2009, S. 15-34.

Herdegen, Matthias: Völkerrecht, 11. Auflage. München 2012.

Hofmann, Tessa: Annäherung an Armenien. Geschichte und Gegenwart, 2. Auflage. München 2006.

Hovannisian, Richard G.: The Republic of Armenia. Volume I. The First Year, 1918-1919. Berkeley 1971.

Huber, Mária: Moskau, 11. März 1985. Die Auflösung des sowjetischen Imperiums. München 2002.

Huttenbach, Henry R.: In support of Nagorno-Karabakh: Social components of the Armenian nationalist movement, in: Nationalities Papers, volume 18, issue 2, 1990, S. 5-14.

Ingram, Edward: Britain's Persian Connection 1798-1828. Prelude to the Great Game in Asia. Oxford 1992.
Ipsen, Knut: Völkerrecht, 5. Auflage. München 2004.
Isgenderli, Anar: Realities of Azerbaijan: 1917-1920. Ohne Ort 2011.
Iskandaryan, Alexander: Der Südkaukasus, in: Schneider-Deters, Winfried / Schulze, Peter W. / Timmermann, Heinz (Hrsg.), Die Europäische Union, Russland und Eurasien. Die Rückkehr der Geopolitik. Berlin 2008, S. 519-568.
Iwnickij, N. A.: Kollektiwizacija i raskulačiwanije (načalo 30-ch godow) [Kollektivierung und Entkulakisierung (Anfang der 30er Jahre)]. Moskwa 1996.
Jacoby, Volker: Geschichte und Geschichtsschreibung im Konflikt um Berg-Karabach, in: Ethnos-Nation, Jahrgang 6, 1998, S. 63-84.
Jacoby, Volker: Geopolitische Zwangslage und nationale Identität: Die Konturen der innenpolitischen Konflikte in Armenien. Diss., Frankfurt (Main) 1999.
Kappeler, Andreas: Rußland als Vielvölkerreich. Entstehung, Geschichte, Zerfall. 2. Auflage. München 2008.
Kazemzadeh, Firuz: The Struggle for Transcaucasia (1917-1921). New York 1951.
Kempen, Bernhard / Hillgruber, Christian: Völkerrecht. 2. Auflage. München 2012.
Kennan, George F.: Sowjetische Außenpolitik unter Lenin und Stalin. Stuttgart 1961.
King, David: The Commissar Vanishes. The Falsification of Photographs and Art in Stalin's Russia. New edition. London 2014.
Kipke, Rüdiger: Das armenisch-aserbaidschanische Verhältnis und der Konflikt um Berg-Karabach. Wiesbaden 2012.
Kohrs, Michael: Geschichte als politisches Argument: Der „Historikerstreit" um Berg-Karabach, in: Adanır, Fikret / Bonwetsch, Bernd (Hrsg.), Osmanismus, Nationalismus und der Kaukasus. Muslime und Christen, Türken und Armenier im 19. und 20. Jahrhundert. Wiesbaden 2005, S. 43-63.
Krüger, Heiko: Der Berg-Karabach-Konflikt. Eine juristische Analyse. Berlin 2009.
Lalajan, A.: Kontrrevoljucionnyj Dašnakcutjun i imperialističeskaja vojna 1914-1918 gg. [Die konterrevolutionäre Daschnakcutjun und der imperialistische Krieg 1914-1918], in: Revoljucionnyj Vostok (10), 1936, S. 42-49.
Langner, Heiko: Krisenzone Südkaukasus. Berg-Karabach, Abchasien und Südossetien im Spannungsfeld von Identität, Völkerrecht und geostrategischen Interessen. Berlin 2009.
Lazarew, M.S. / Mgoi, Š.Ch. (Hrsg.): Istorija Kurdistana [Geschichte Kurdistans]. Moskwa 1999.
Luchterhandt, Otto: Das Recht Berg-Karabachs auf staatliche Unabhängigkeit aus völkerrechtlicher Sicht, in: Archiv des Völkerrechts, 31. Band, 1993, S. 30-81.
Mahmudov, Yaqub / Şükürov, Kərim: Qarabağ. Real tarix, faktlar, sənədlər. Baki 2007 – Mahmudov, Jagub/Schükürov, Kärim: Garabagh. Reale Geschichte, Tatsachen, Dokumente. Baku 2007 {zweisprachig}.
Malekian, Lina: The Mass Repatriation of the Armenians from Iran in 1946-1947 (Some Statistical Data), in: Iran & the Caucasus, Vol. 11, No. 2, 2007, S.295-298.
Mamedow, S. A., Istoričeskije swjazi azerbajdžanskogo i armjanskogo narodow wo wtoroj polowine XVII – perwoj treti XVIII w. [Die historischen Beziehungen des

aserbaidschanischen und armenischen Volkes von der zweiten Hälfte des 17. bis zum ersten Drittel des 18. Jh.]. Baku 1977.

Mende, Gerhard von: Der nationale Kampf der Russlandtürken. Ein Beitrag zur nationalen Frage in der Sovetunion. Berlin 1936.

Millman, A. S.: Azerbajdžanskaja SSR – suwerennoje gosudarstwo w sostawe SSSR [Aserbaidschanische SSR – Souveräner Staat im Bestand der UdSSR]. Baku 1971.

Montefiore, Simon Sebag: Der junge Stalin. Frankfurt am Main 2008.

Mostashari, Firouzeh: Tsarist Colonial Policy, Economic Change, and the Making of the Azerbaijani Nation: 1828-1905. Ann Arbor 1996.

Mostashari, Firouzeh: On the Religious Frontier. Tsarist Russia and Islam in the Caucasus. New York 2006.

Motika, Raoul: Aserbaidschan-Nationalismus und aseritürkischer Nationalismus, in: Jahn, Egbert (Hrsg.), Nationalismus im spät- und postkommunistischen Europa, Band 2: Nationalismus in den Nationalstaaten. Baden-Baden 2009, S. 299-329.

Mühlmann, Carl: Das deutsch-türkische Waffenbündnis im Weltkriege. Leipzig 1940.

Müller, Daniel: Sowjetische Nationalitätenpolitik in Transkaukasien 1920-1953. Berlin 2008.

Mustafa-sadeh, Rachmann: Dwe respubliki (1918-1922) [Zwei Republiken (1918-1922)]. Moskwa 2006.

Mutafian, Claude: Karabagh in the Twentieth Century, in: Chorbajian, Levon / Donabedian, Patrick / Mutafian, Claude (Hrsg.), The Caucasian Knot. The History and Geopolitics of Nagorno-Karabagh. London & New Jersey 1994, S. 109-170.

Niftalijew, Il'gar: Obrazowanije NKAO – jarkoje projawlenije bol'šewistskoj politiki national'no-gosudarstwennogo stroitel'stwa [Die Bildung des NKAO – eine markante Bekundung der bolschewistischen Politik des nationalstaatlichen Aufbaus], in: Irs [Baku] (42), Heft 6, 2009, S. 18-22.

Panossian, Razmik: The Armenians. From Kings and Priests to Merchants and Commissars. London 2006.

Paschajew, Atachan: Genocid, deportacii i territorial'nyje pretenzii armjan k azerbajdžanskomu narodu (XIX-XX ww.) [Genozid, Deportationen und territoriale Ansprüche der Armenier an das aserbaidschanische Volk (19.-20. Jh.)]. Baku 2013.

Pipes, Richard: The Formation of the Soviet Union. Communism and Nationalism 1917-1923, 2. Auflage. Cambridge/MA 1964.

Polly, Adrian: Zu Russlands Revolution und Neugeburt. Selbsterlebtes und Geschichtliches. Leipzig 1906. Nachdruck: London 2013.

Qaffarov, Tahir (Hrsg.): Azärbaycan Tarixi, 7. cild., 1941 – 2002-ci cillär [Geschichte Aserbaidschans, 7. Bd., 1941 - 2002]. Baki 2008.

Rasulzade, M. E.: Azerbajdžanskaja respublika [Aserbaidschanische Republik]. Baku 1990.

Ratgauzer, Ja.: Revoljucija i graždanskaja vojna w Baku, čast' perwaja. 1917-1918 g.g. [Revolution und Bürgerkrieg in Baku, erster Teil. 1917-1918]. Baku 1927.

Rau, Johannes: Der Berg-Karabach-Konflikt zwischen Armenien und Aserbaidschan. Ein kurzer Blick in die Geschichte. Berlin 2007.

Rauch, Georg v.: Geschichte der Sowjetunion, 8. Auflage. Stuttgart 1990.

Rhinelander, L. H.: Viceroy Vorontsov's Administration of the Caucasus, in: Suny, Ronald Grigor (Hrsg.), Transcaucasia, Nationalism, and Social Change. Essays in the History of Armenia, Azerbaijan, and Georgia. Ann Arbor 1996, S. 87-104.

Rustamowa-Togidi, S.: Ėtogo zabyt' nel'zja [Man darf das nicht vergessen], in: Zerkalo, 14, Baku 2007.

Rustamowa-Togidi, Solmaz Ali kyzy: 1918. Azerbajdžanskije pogromy w fotografijach i dokumentach [1918. Aserbaidschan-Pogrome in Photographien und Dokumenten]. Baku 2012.

Saparov, Arsène: Why Autonomy? The Making of Nagorno-Karabakh Autonomous Region 1918-1925, in: Europe-Asia Studies, volume 64, No. 2, 2012, S. 281-323.

Sarkisjan, S. T.: Enciklopedija Arcach-Karabacha. 2. Auflage. Sankt-Peterburg 2007.

Simon, Gerhard: Berg-Karabach im Rampenlicht des Weltgeschehens. Bundesinstituts für ostwissenschaftliche und internationale Studien. Aktuelle Analysen, Nr. 21/1988. Köln 1988.

Simon, Gerhard: Die Unruhen in Armenien und Aserbaidschan, Eine historische Hintergrundanalyse, in: Beiträge zur Konfliktforschung, 18. Jahrgang, 1988, S. 37-46.

Simon, Gerhard: Nationalismus und Nationalitätenpolitik in der Sowjetunion. Von der totalitären Diktatur zur nachstalinschen Gesellschaft. Baden-Baden 1986.

Soljan, Suren: Entstehungsgeschichte und aktuelle Probleme des Karabach-Konflikts, in: Halbach, Uwe / Kappeler, Andreas (Hrsg.), Krisenherd Kaukasus. Baden-Baden 1995, S. 129-160.

Stökl, Günther: Russische Geschichte. Von der Anfängen bis zur Gegenwart. Stuttgart 1962.

Swietochowski, Tadeusz: Der Streit um Berg-Karabach. Geographie, ethnische Gliederung und Kolonialismus, in: Halbach, Uwe / Kappeler, Andreas (Hrsg.), Krisenherd Kaukasus. Baden-Baden 1995, S. 161-178.

Swietochowski, Tadeusz: Russian Azerbaijan, 1905-1920. The Shaping of National Identity in a Muslim Community. Cambridge 1985.

Swietochowski, Tadeusz / Collins, Brian C.: Historical Dictionary of Azerbaijan. Lanham (Maryland), London 1999.

Tokluoglu, Ceylan: The Political Discourse of the Azerbaijani Elite on the Nagorno-Karabach Conflict (1991 – 2009), in: Europe-Asia Studies, volume 63, No. 7, 2011, S. 1223-1252.

Villari, Luigi: Fire and Sword in the Caucasus. London 1906.

Waal, Thomas de: Black Garden. Armenia and Azerbaijan through Peace and War. New York 2003.

Waal, Thomas de: The Caucasus. An Introduction. Oxford 2010.

Wiese, Stefan: Lalaevs Haus brennt. Das Februarpogrom von 1905 in Baku – Paralysierter Staat und Massengewalt im Russischen Reich, in: Journal of Modern European History, volume 10, No. 1, 2012, S. 117-138.

Wolchonskij, Michail / Muchanow, Wadim: Po sledam Azerbajdžanskoj Demokratičeskoj Respubliki [Auf den Spuren der Demokratischen Republik Aserbaidschan]. Moskwa 2007.

5.4 Zeitschriften und Zeitungen

Azerbajdžan, Baku.
Bakinskij Rabočij, Baku.
Gummet, Baku.
Kaspij, Baku.
Kawkazskij kalendar', Tiflis.
Prawda, Moskwa.
Žizn' national'nostej, Moskwa.

The manufacturer's authorised representative in the EU is Springer Nature Customer Service Centre GmbH, Europaplatz 3, 69115 Heidelberg, Germany. If you have any concerns regarding our products, please contact ProductSafety@springernature.com

Printed and bound by CPI Group (UK) Ltd, Croydon, CR0 4YY

23/03/2026

02076462-0002